ROSETTA SERIES:
ESPERANTO READER

EDITED BY TONY J RICHARDSON

Rosetta Series: Esperanto Reader
© JiaHu Books
First Published in Great Britain in 2023 by JiaHu Books part
of Richardson-Prachai Solutions, LU7 4QQ, UK.
ISBN: 978-1-78435-358-2

A CIP catalogue record for this book is available at the
British Library
Visit us at: jiahubooks.co.uk

For โม, Τύχω and עלה

INTRODUCTION

I have always been deeply interested in less commonly taught languages, and I am thrilled to have finally dedicated time to compiling this collection of readers. These readers aim to bridge the gap between the abundance of beginner's courses available online for free and the actual reading of native materials.
The English translations provided here are not intended to be exemplary in terms of style, but rather designed to assist you in comprehending the Esperanto texts. This is particularly evident in the conversations. In my opinion, this approach is the most suitable for a self-contained textbook like this one.
Vocabulary lists have been omitted due to the regular nature of Esperanto word-building.
The articles are loosely grouped by topic, although there are no strict rules. This arrangement facilitates memorisation, as key terms are often repeated across two or three texts.

Enjoy,

Tony

DULINGVAJ ESEOJ

LA GRAVECO DE EDUKADO EN LA SOCIETO

Edukado estas fundamenta pilastro en ĉiu societo. Ĝi ne nur provizas homojn kun scio kaj kapabloj, sed ankaŭ kreas fundamentojn por plenumi siajn potencialojn kaj kontribui al la disvolviĝo de la socio. Tial, la graveco de edukado ne povas esti subestimata. Ĉi tiu eseeto esploros kial edukado estas esenca en nia societo kaj kiel ĝi povas influi la individuon kaj la tutan komunumon.

Edukado estas la ŝlosilo al scio kaj lernado. Per edukado, homoj akiras esencajn konceptojn, kiel legado, skribado, kalkulado, kaj scienca kompreno. Tio preparas ilin por fari aktivan rolon en la socio. La kvalito de edukado determinas la kapablojn kaj kompetentecon de la individuoj. Kreskanta nivelo de edukado kreas pli ekvilibran kaj progresan societon.

Edukado ne nur disponigas praktikan scion, sed ankaŭ evoluigas sperton kaj kritikan pensadon. Ĝi instruas homojn analizi informon kaj formi pravigitajn opiniojn. Per tio, edukado disvolvas la kapablojn por solvegi problemojn kaj konstrui argumentojn bazitajn sur faktoj. Ĝi estas la fundamento de scienca esplorado kaj teknologiaj avanĝoj, kiu antaŭenigas la tutan socion.

Edukado havas profundan efikon sur la socio-economian progreson. Per instruado, homoj povas ellabori specifajn kapablojn kaj ekonomiajn ekspertojn, kio kondukas al labora produktiveco kaj plibonigita vivkvalito. Edukatigitaj individuoj estas pli verŝajne trovi postenon kaj havi pli altan enspezon. Krom tio, la edukita socio povas disvolvi sin pli daŭre kaj esti pli rezista antaŭ ekonomiaj kaj sociaj krizoj.

THE IMPORTANCE OF EDUCATION IN SOCIETY

Education is a fundamental pillar in every society. It not only provides people with knowledge and skills but also creates foundations for fulfilling their potential and contributing to the development of society. Therefore, the importance of education cannot be underestimated. This essay will explore why education is essential in our society and how it can influence individuals and the entire community.

Education is the key to knowledge and learning. Through education, people acquire essential concepts such as reading, writing, mathematics, and scientific understanding. This prepares them to play an active role in society. The quality of education determines the abilities and competence of individuals. Increasing the level of education creates a more balanced and progressive society.

Education not only provides practical knowledge but also develops experience and critical thinking. It teaches people to analyze information and form justified opinions. Through this, education develops the abilities to solve problems and construct arguments based on facts. It is the foundation of scientific research and technological advancements that propel the entire society forward.

Education has a profound impact on socio-economic progress. Through education, people can develop specific skills and economic expertise, leading to labor productivity and improved quality of life. Educated individuals are more likely to find employment and have higher income. Additionally, an educated society can sustainably develop and be more resilient in the face of economic and social crises.

Edukado ankaŭ havigas homojn kun kritika pensado kaj la kapablo diferenci inter bono kaj malbono. Per edukado, oni komprenas la valorojn de etiko kaj respekto. Tio kreas civitan komunumon kun alta moraleco kaj etika kompreno. La disvastiĝo de edukado estas la bazo por pacifismo kaj interkultura kompreno, kiu reduktas konfliktojn kaj konstruas harmonian socio.

Edukado ankaŭ havas socian justicon aspekton. Ĝi liveras egalajn ŝancojn al ĉiuj homoj, senkalkule de socia aŭ ekonomia statuso. Per disvastiĝinta edukado, oni povas redukti la barierojn de malriĉeco kaj malkompetenteco. Tio kreas pli inkluzivan kaj egalan socion, kie ĉiuj homoj povas partopreni kaj kontribui al la komunumo.

Fine, edukado estas klavfaktoro por la longdaŭra disvolviĝo de la socio. Per investado en edukado, oni investas en la estonteco de la socio. Kreskanta kono kaj scio en la socion preparas la terenon por novajaj ideoj, kreado, kaj inovado. Ĝi ankaŭ permesas al homoj evoluigi siajn personaĵojn kaj plenigi sian vivon per signifo kaj sukceso.

Konklude, edukado estas esenca en la societo pro ĝiaj multaj avantaĝoj. Ĝi estas ne nur pri akiri scion, sed ankaŭ pri la disvolviĝo de kapabloj, sperto, kritika pensado, kaj etiko. Edukado egaligas ŝancojn, kreas progreson, kaj estas la bazo por harmonia kaj disvolviĝinta socio. Kial ni devas valorigi edukadon kaj investi en ĝin por konstrui pli bona estonteco.

Education also equips individuals with critical thinking and the ability to differentiate between good and evil. Through education, one understands the values of ethics and respect. This creates a civic community with high moral standards and ethical understanding. The spread of education is the foundation for pacifism and intercultural understanding, which reduces conflicts and builds a harmonious society.

Education also has a social justice aspect. It provides equal opportunities to all individuals, regardless of their social or economic status. Through widespread education, barriers of poverty and incompetence can be reduced. This creates a more inclusive and egalitarian society where all people can participate and contribute to the community.

Lastly, education is a key factor in the long-term development of society. By investing in education, one invests in the future of society. Increasing knowledge and understanding in society lay the groundwork for new ideas, creativity, and innovation. It also allows individuals to develop their characters and fill their lives with meaning and success.

In conclusion, education is essential in society due to its many advantages. It is not just about acquiring knowledge but also about the development of abilities, experience, critical thinking, and ethics. Education equalizes opportunities, creates progress, and forms the basis for a harmonious and developed society. We must value education and invest in it to build a better future.

LA INFLUON DE SOCIAJ RETOJ PRI RELACIOJ

La sociaj retoj havas profundan influon sur la maniero, kiel ni interagas kaj konstruas niajn rilatojn. Dum ili provizas al ni novajn eblecojn kaj konektojn, ili ankaŭ alportas novajn defiojn kaj riskojn al niaj rilatoj. Ĉi tiu eseeto esploros la efektojn de sociaj retoj sur rilatoj kaj kiel ili formas nian sperton de intimeco kaj konektiĝo.

Unu el la plej evidaj efektoj de sociaj retoj estas la pli facila kaj rapideca komunikado inter homoj. Ni povas interŝanĝi mesaĝojn, bildojn, kaj videojn kun aliaj senŝanĝe de loko aŭ tempo. Tio povas esti avantaĝa, ĉar ni povas esti en kontakto kun amikoj kaj familio eĉ se ili estas malproksime. Tamen, tio ankaŭ povas konduki al pli malmultaj persoaj renkontiĝoj kaj profundaj interŝanĝoj, ĉar ni povas facile ruliĝi en la vicoj de senfina mesaĝadado sen vere sperti intimecon.

Sociaj retoj ankaŭ influas nian sperton de intimeco kaj privatvivado. Ni ofte dividas niajn privatajn detalojn kaj emociajn spertojn publike, esperante ricevi reagojn kaj simpation de aliaj. Tamen, tio povas havi negativajn efikojn, ĉar ni riskas perdi nian privatacon kaj fariĝi tro eksponitaj. Tia troa disvastigo de informoj povas krei malfacilaĵojn en rilatoj, kiam privataj aferoj estas diskutitaj publike sen konsento de la implicigitaj partioj.

La konstanta uzado de sociaj retoj ankaŭ povas kontribui al dependeco kaj manko de atento en rilatoj. Ni ofte devas batali kontraŭ la distraktoj de sociaj retoj, kiuj povas distri nin de la prezo de la nuntempo kaj la atenteco al niaj partneroj. Tio povas malhelpi plenan fokusiĝon kaj investon en niajn rilatojn, kaj kondukas al sento de izoliteco aŭ neglektiteco.

THE IMPACT OF SOCIAL MEDIA ON RELATIONSHIPS

Social media has a profound influence on the way we interact and build our relationships. While they provide us with new possibilities and connections, they also bring new challenges and risks to our relationships. This essay will explore the effects of social media on relationships and how they shape our experience of intimacy and connection.

One of the most evident effects of social media is the easier and faster communication between people. We can exchange messages, pictures, and videos with others regardless of location or time. This can be advantageous as it allows us to stay in touch with friends and family even if they are far away. However, it can also lead to fewer in-person meetings and deep exchanges, as we can easily get caught up in endless messaging without truly experiencing intimacy.

Social media also influences our experience of intimacy and privacy. We often share our private details and emotional experiences publicly, hoping to receive reactions and validation from others. However, this can have negative effects as we risk losing our privacy and becoming overly exposed. Such excessive sharing of information can create difficulties in relationships when private matters are discussed publicly without the consent of the involved parties.

The constant use of social media can also contribute to dependency and lack of attention in relationships. We often struggle against the distractions of social media, which can divert us from the value of the present moment and attentiveness to our partners. This can hinder full focus and investment in our relationships, leading to feelings of isolation or neglect.

Aliflanke, sociaj retoj ankaŭ povas esti fonto de pozitiva influo sur rilatoj. Ili povas permesi al ni pli ampleksan konektiĝon kun homoj el diversaj partoj de la mondo, kaj ebligi novaĵojn kaj ideojn por disvastiĝi. Ni povas trovi subtenon, konsilon, kaj inspiron tra sociaj retoj. Ili povas ankaŭ esti rimedo por konstrui kaj kultivi rilatojn, per partoprenado de komunaj interesoj kaj spertoj.

Estas klare, ke sociaj retoj havas profunden influon sur niajn rilatojn. Ili havas la kapablon faciligi komunikadon kaj konektiĝon, sed ankaŭ prezentas riskojn kaj defiojn al intimeco kaj fokusiĝo. Por plibonigi la influon de sociaj retoj sur rilatoj, ni devas esti konsciaj pri nia uzado kaj zorgi pri la kvalito de niaj interagoj. Ni devas trovi la balancan punkton inter reala kaj virtuale, kaj atenti pri la bezonoj kaj sentoj de niaj partneroj por krei sanajn kaj plenajn rilatojn en la era de sociaj retoj.

LA BENEFICOJ DE EKZERCADO POR FIZIKA KAJ MENSA SANO

Ekzercado estas esenca por konservi bonan fizikan kaj mensan sanon. Dum ĝi povas esti vidata kiel simple fizika aktiveco, ĝi havas profundajn beneficojn por nia korpo kaj nia menso. Ĉi tiu eseeto esploros la avantaĝojn de ekzercado por la fizika kaj mensa sano kaj kiel ĝi povas plibonigi nian vivon.

Unu el la plej evidaj beneficoj de ekzercado estas la plibonigo de nia fizika stato. Ekzercado helpas fortigi la muskolojn, pligrandigi la krezon kaj agiliĝon de la korpo, kaj plibonigi la kardiovaskulan sistemon. Regula ekzercado povas helpi redukti la riskon de malsanoj, kiel koronara

On the other hand, social media can also be a source of positive influence on relationships. They can allow for broader connections with people from different parts of the world and enable the spread of news and ideas. We can find support, advice, and inspiration through social media. They can also be a means to build and cultivate relationships by sharing common interests and experiences.

It is clear that social media has a profound impact on our relationships. They have the ability to facilitate communication and connection, but also present risks and challenges to intimacy and focus. To improve the impact of social media on relationships, we need to be aware of our usage and take care of the quality of our interactions. We need to find the balance between the real and virtual, and be attentive to the needs and feelings of our partners in order to create healthy and fulfilling relationships in the era of social media.

THE BENEFITS OF EXERCISE FOR PHYSICAL AND MENTAL HEALTH

Exercise is essential for maintaining good physical and mental health. While it may be seen as simply physical activity, it has profound benefits for our body and mind. This essay will explore the advantages of exercise for physical and mental health and how it can improve our lives.

One of the most evident benefits of exercise is the improvement of our physical condition. Exercise helps strengthen muscles, increase body flexibility and agility, and improve the cardiovascular system. Regular exercise can help reduce the risk of diseases such as coronary heart

malsano, diabeto, kaj osteoporozo. Ĝi ankaŭ povas helpi al la korpo perdi pezon kaj kontribui al sana korpofiguro.

Sed la beneficoj de ekzercado ne limiĝas nur al nia fizika sano. Ekzercado ankaŭ havas profundan efikon sur nia mensa sano. Kiam ni ekzercas, la korpo liberas endorfinon, kiu estas natura "feliĉigaĵo" hormono. Tio povas kaŭzi senton de plezuro kaj euforio, kaj helpi redukti streson kaj malĝojon. Ekzercado ankaŭ povas plibonigi la kvaliton de nia dormo, helpante al ni dormi pli trankvile kaj rekupere.

Alia grava aspekto de ekzercado estas ĝia pozitiva influo sur nia menso kaj kognitivaj funkcioj. Studoj montras, ke regula fizika aktiveco povas helpi plibonigi la memoron, kognitivan flekseblecon, kaj krei pli akran menso. Ekzercado ankaŭ povas helpi malpliigi la riskon de kognitivaj malsanoj, kiel dementeco kaj Alzheimer-malsano. Krome, ekzercado povas esti rimedo por redukti simptomojn de malsaneco, kiel la maltrankvileco kaj la depresio.

Ekzercado ankaŭ povas esti socia sperto, kiu helpas nin interagi kun aliaj homoj. Partopreno en sportaj teamoj aŭ grupoj donas al ni la eblecon konstrui sociajn rilatojn, kunlabori kun aliuloj, kaj krei amikecon. Tio povas helpi plibonigi nian memfidon kaj nian kapablon esti parto de komunumo.

Fine, ekzercado estas rimedo por plenigi nian vivon per ĝojo kaj plezuro. Ĝi povas esti maniero por esprimi sin kaj senacasigi la korpon. Ekzercado povas krei senton de saĝeco kaj kompetenteco, kaj doni al ni senton de realigo kaj sukceso.

Konklude, ekzercado estas nepre necesa por nia fizika kaj mensa sano. Ĝi helpas al ni esti pli fortaj

disease, diabetes, and osteoporosis. It can also assist the body in losing weight and contribute to a healthy body shape.

But the benefits of exercise are not limited to our physical health alone. Exercise also has a profound effect on our mental well-being. When we exercise, the body releases endorphins, which are natural "feel-good" hormones. This can create a sense of pleasure and euphoria and help reduce stress and sadness. Exercise can also improve the quality of our sleep, aiding us in sleeping more peacefully and rejuvenating.

Another important aspect of exercise is its positive influence on our mind and cognitive functions. Studies show that regular physical activity can help improve memory, cognitive flexibility, and create a sharper mind. Exercise can also help reduce the risk of cognitive diseases such as dementia and Alzheimer's disease. Additionally, exercise can be a means to alleviate symptoms of illnesses like anxiety and depression.

Exercise can also be a social experience that helps us interact with other people. Participation in sports teams or groups gives us the opportunity to build social relationships, collaborate with teammates, and create friendships. This can help improve our self-confidence and our ability to be part of a community.

Lastly, exercise is a way to enrich our lives with joy and pleasure. It can be a means to express ourselves and release stress from the body. Exercise can create a sense of wisdom and competence and give us a feeling of fulfillment and success.

In conclusion, exercise is absolutely essential for our physical and mental health. It helps us become stronger

kaj pli sanaj. Ekzercado ne nur plibonigas nian korpon, sed ankaŭ nian menson kaj socian vivon. Ni devas fari ekzercadon parto de nia ĉiutaga vivo por ĝui ĝiajn ampleksajn beneficojn kaj vivi pli plenvaloran kaj feliĉan vivon.

LA AVANTAĜOJ KAJ MALAVANTAĜOJ DE ARTA INTELEKTO

Arta Intelekto (AI) estas revolucia teknologia avanco, kiu povas havi profundajn efikojn sur nian vivon kaj socion. Tamen, kune kun ĝiaj avantaĝoj, ĝi ankaŭ prezentas kelkajn malavantaĝojn. En ĉi tiu eseeto, ni esploros la avantaĝojn kaj malavantaĝojn de Arta Intelekto.

Unu el la plej signifaj avantaĝoj de Arta Intelekto estas ĝia kapablo plenumi kompleksajn taskojn kun rapideco kaj precizeco, kiujn homoj povus fari nur malfacile aŭ neeble. AI povas efike analizi grandan kvanton de informojn en mallonga tempo kaj liveri precizajn rezultojn. Tio povas helpi plibonigi efikecon kaj produktivecon en diversaj industrioj kaj labor-domoj.

Alia avantaĝo de AI estas ĝia kapablo lerni kaj adaptebleci. Per maŝinlernado kaj algoritmoj, AI povas akiri sciojn kaj konsciencon el grandaj datamengoj. Tio ebligas pli perspektivajn aŭtomatigitajn solvojn kaj inkluzivas la potencialon por plibonigi eksistantajn teknologiojn kaj procesojn. Ekzemple, AI povas helpi en medicino por diagnozi malsanojn pli precize kaj rapide aŭ en aŭtomata veturado por plibonigi sekurecon kaj efikecon.

and healthier. Exercise not only improves our body, but also our mind and social life. We must make exercise a part of our daily lives to enjoy its extensive benefits and live a more fulfilling and happy life.

THE PROS AND CONS OF ARTIFICIAL INTELLIGENCE

Artificial Intelligence (AI) is a revolutionary technological advancement that can have profound effects on our lives and society. However, along with its advantages, it also presents some disadvantages. In this essay, we will explore the pros and cons of Artificial Intelligence.

One of the most significant advantages of AI is its ability to perform complex tasks with speed and precision that humans may find difficult or impossible. AI can efficiently analyze large amounts of information in a short time and deliver accurate results. This can help improve efficiency and productivity in various industries and fields of work.

Another advantage of AI is its ability to learn and adapt. Through machine learning and algorithms, AI can acquire knowledge and awareness from large datasets. This enables more insightful automated solutions and includes the potential to improve existing technologies and processes. For example, AI can assist in medicine to diagnose diseases more precisely and quickly or in autonomous driving to enhance safety and efficiency.

Tamen, kun la avantaĝoj de AI, ankaŭ venas kelkaj malavantaĝoj. Unu gravaj konsidero estas la socio-ekonomiaj efikoj de AI sur laboromercaton. Ĉar AI povas plenumi multajn taskojn, kiujn homoj kutime faras, estas ebleco de laborperdo kaj la neceso adaptiĝi al novaj labor-strukturoj. Tio postulas pridiskuti kaj krei politikajn strategiojn por helpi homojn adaptiĝi kaj akiri novajn kvalifikojn.

Ankaŭ temas pri la etiko kaj sekureco de AI. Ĉar AI estas bazita sur algoritmoj kaj datoj, estas ebleco de eraroj, diskriminacio, aŭ malegala traktado. La integritato kaj privataco de datumoj ankaŭ estas grava konsidero, ĉar AI povas kolekti kaj analizi grandan kvanton da personaj informoj. Ni devas zorgi pri la etika uzado de AI kaj certigi, ke ĝi estas reguleca kaj sekura por protekti la interesojn kaj rajtojn de homoj.

La avantaĝoj kaj malavantaĝoj de Arta Intelekto estas klaraj. Estas grava kompreni kaj esplori la eblajn konsekvencojn de ĝia uzado. Ni devas apliki etikajn normojn kaj reguligojn por garantii, ke AI estas potenco por plibonigi nian vivon sen negativaj konsekvencoj. Per saĝa kaj responda aliro, ni povas profiti de la avantaĝoj de AI kaj konstrui socion, kie homoj kaj maŝinoj kunlaboras por la plibonigo de nia mondo.

However, with the advantages of AI, there also come some disadvantages. One important consideration is the socio-economic effects of AI on the job market. As AI can perform many tasks traditionally done by humans, there is a possibility of job loss and the need to adapt to new labor structures. This calls for discussions and the creation of policy strategies to help people adapt and acquire new skills.

Ethics and security of AI are also a concern. Since AI is based on algorithms and data, there is a possibility of errors, discrimination, or unequal treatment. The integrity and privacy of data are also important considerations, as AI can collect and analyze a large amount of personal information. We need to ensure the ethical use of AI and ensure that it is regulated and secure to protect the interests and rights of individuals.

The pros and cons of Artificial Intelligence are clear. It is important to understand and explore the possible consequences of its use. We must apply ethical norms and regulations to ensure that AI is a force for improving our lives without negative consequences. Through wise and responsible approaches, we can harness the advantages of AI and build a society where humans and machines collaborate for the betterment of our world.

LA INFLUO DE TEKNOLOGIO SUR MODERNA KOMUNIKADO

La evoluo de teknologio en la lastaj jardekoj havas profundan influon sur la maniero, kiel ni komunikas en nia moderna mondo. La uzo de komputiloj, smarttelefonoj, sociaj retoj, kaj aliaj teknologiaj aparatoj transformis la manieron, kiel ni interagas kaj komunikas unu kun la alia. Tiu ĉi eseeto esploros la influon de teknologio sur moderna komunikado kaj ĝiajn efikojn.

Unu el la plej evidaj influoj de teknologio sur komunikado estas la rapideco kaj facileco, kun kiu ni povas komuniki. Dank' al retaj komunumoj, ni povas sendi mesaĝojn, bildojn, kaj videojn preskaŭ tuj, sen zorgi pri geografia distanco. Tio faciligas kaj plilongigas nian kapablon komuniki kun homoj tra la tuta mondo. Ni povas esti en kontakto kun amikoj, familianoj, kaj konatuloj en aliaj landoj, sen neceso de longaj leteroj aŭ kosta telefona komunikado.

Tamen, la influo de teknologio ne limiĝas nur al la rapideco de komunikado, sed ankaŭ al la maniero, kiel ni esprimas niajn pensojn kaj emociojn. Per sociaj retoj kaj retaj platformoj, ni povas afiŝi statusojn, komentojn, kaj reagojn publike. Tio liveras al ni la eblecon prezenti niajn ideojn kaj perspektivojn al larĝa publiko. Tamen, tio ankaŭ povas havi malavantaĝojn, ĉar en reta medio, la komunikado povas esti malpersoneca kaj povas konduki al malkomprenoj kaj konfliktoj.

Alia aspekto de la influo de teknologio estas la diverseco de komunikiloj, kiuj estas haveblaj. Ni havas multajn alternativojn por komuniki, kiel ekzemple telefona voko, video-konferenco, retaj ĉatadoj, kaj pluraj aliaj metodoj. Tio donas al ni pli da elektoj kaj ebligas al ni elekti la plej taŭgan

THE INFLUENCE OF TECHNOLOGY ON MODERN COMMUNICATION

The evolution of technology in recent decades has had a profound influence on the way we communicate in our modern world. The use of computers, smartphones, social networks, and other technological devices has transformed the way we interact and communicate with one another. This essay will explore the influence of technology on modern communication and its effects.

One of the most obvious influences of technology on communication is the speed and ease with which we can communicate. Thanks to online communities, we can send messages, pictures, and videos almost instantly, regardless of geographic distance. This facilitates and extends our ability to communicate with people around the world. We can stay in touch with friends, family, and acquaintances in other countries without the need for lengthy letters or expensive telephone communication.

However, the influence of technology is not limited to the speed of communication but also to the way we express our thoughts and emotions. Through social networks and online platforms, we can post statuses, comments, and reactions publicly. This gives us the ability to present our ideas and perspectives to a wide audience. However, this can also have disadvantages, as online communication can be impersonal and can lead to misunderstandings and conflicts.

Another aspect of the influence of technology is the diversity of communication tools available to us. We have many alternatives for communication, such as phone calls, video conferencing, online chats, and various other

manieron por komuniki depende de la situacio kaj niaj preferoj.

Tamen, la influo de teknologio sur moderna komunikado ankaŭ prezentas kelkajn negativajn aspektojn. La konstanta konektiteco kaj la ofta uzo de teknologiaj aparatoj povas kaŭzi dependecon kaj distrikti nin de realaj interagoj. Ni povas troigi nian tempon sur sociaj retoj, aŭ esti malatentaj al la homoj ĉirkaŭ ni, ĉar ni estas tro enmetitaj en niaj aparatoj. Tio povas malpliigi la kvaliton de niaj interpersonaj rilatoj kaj kontribui al sento de izoliteco.

Fine, la influo de teknologio sur moderna komunikado estas miksita. Ĝi havas avantaĝojn, kiel la facila kaj rapida interŝanĝo de informoj kaj la pli vastaj ebloj de esprimi sin. Tamen, ĝi ankaŭ prezentas riskojn, kiel la malpersoniga naturo de reta komunikado kaj la potenciala distro de realaj interagoj. Estas grave kompreni kaj regi nian uzadon de teknologio por certigi, ke ĝi plibonigas nian komunikadon kaj ne malebligas la valoron de verecaj rilatoj kaj interagoj.

methods. This gives us more choices and allows us to select the most suitable way to communicate depending on the situation and our preferences.

However, the influence of technology on modern communication also presents some negative aspects. The constant connectivity and frequent use of technological devices can lead to dependency and distract us from real interactions. We may spend too much time on social networks or be oblivious to the people around us because we are too engrossed in our devices. This can diminish the quality of our interpersonal relationships and contribute to a sense of isolation.

In conclusion, the influence of technology on modern communication is mixed. It has advantages, such as the easy and rapid exchange of information and the broader possibilities for self-expression. However, it also presents risks, such as the impersonal nature of online communication and the potential distraction from real interactions. It is important to understand and manage our use of technology to ensure that it enhances our communication and does not detract from the value of genuine relationships and interactions.

LA ROLO DE VIRINOJ EN LA NUNA SOCIO

La rolo de virinoj en la nuna socio evoluas kaj plibonigas sin dum jardekoj. Antaŭaj limigoj kaj stereotipoj pri la rolo de virinoj malpliiĝas, kaj ili ricevas pli da ŝancoj kaj eblaroj por partopreni en ĉiuj aspektoj de la socio. Tiu ĉi eseeto esploros la signifon kaj la ŝanĝiĝantan rolon de virinoj en la kontempa socio.

Unu el la plej gravaj aspektoj de la rolo de virinoj en la nuna socio estas la avanco de ilia partopreno en la labormerkato. Pliaj virinoj havas aliron al edukado kaj karieraj oportunecoj, kio rezultas en pli da virinoj okupantaj altajn poziciojn en kompanioj kaj organizoj. Virinoj kontribuas al la ekonomio kaj al la komuna bieno per siaj kontribuoj en diverseco de profesioj kaj sektoroj. Ili prezentas siajn kapablojn kaj potencialon kaj konfirmas sian rajton al egaleco en la labora medio.

Sed la rolo de virinoj ne limiĝas nur al la labormerkato. Virinoj ankaŭ ludas gravan rolon en la familia vivo kaj la edukado de infanoj. Ili estis tradicie asociataj kun la rolo de zorgantoj kaj edukistoj, sed nun ili kombinas sian familiolaboron kun siaj profesiaj aspiraĵoj. Virinoj estas multtaskaj, kapablaj plenumi diversajn rolojn en la socio, kaj ili faras gravajn kontribuojn al la kresko kaj evoluo de siaj familioj kaj komunumoj.

Alia signifa aspekto de la rolo de virinoj estas ilia partopreno en la politika sfero. Pliaj virinoj estas elektitaj kaj okupas poziciojn en registaroj kaj decidaĵprenaj organoj. Ilia prezenco en la politiko estas grava por certigi la reprezentadon kaj la voĉdonrajton de virinoj, kaj por alporti novajn perspektivojn kaj valorojn en la decidaĵprenado.

THE ROLE OF WOMEN IN CONTEMPORARY SOCIETY

The role of women in modern society has evolved and improved over the centuries. Previous limitations and stereotypes about women's roles are diminishing, and they are receiving more opportunities and possibilities to participate in all aspects of society. This essay will explore the significance and changing role of women in contemporary society.

One of the most important aspects of the role of women in modern society is the advancement of their participation in the labor market. More women have access to education and career opportunities, resulting in more women occupying high positions in companies and organizations. Women contribute to the economy and the common good through their contributions in a variety of professions and sectors. They present their abilities and potential, affirming their right to equality in the workplace.

But the role of women is not limited to the labor market. Women also play a crucial role in family life and the education of children. They have traditionally been associated with the role of caregivers and educators, but now they combine their family responsibilities with their professional aspirations. Women are multitasking, capable of fulfilling diverse roles in society, and they make significant contributions to the growth and development of their families and communities.

Another significant aspect of the role of women is their participation in the political sphere. More women are being elected and holding positions in governments and decision-making bodies. Their presence in politics is crucial to ensure the representation and voting rights of women and to bring new perspectives and values to decision-making.

Virinoj kune kun viroj konstruas pli egalajn kaj justajn
sociojn.

Tamen, malgraŭ la progreso, ankoraŭ ekzistas defioj kaj
diskriminacio, kiuj influas la rolon de virinoj en la socio.
Seksismo kaj genra malsameco ankoraŭ ekzistas en
diversaj formoj, kaj estas necese batali por plena egaleco.
Virinoj devas batali kontraŭ stigmatigo, seksa objektigo, kaj
maljusta salajro. Ankaŭ estas necese esti konsciaj pri la
intersekcio de genro kun aliaj faktoroj, kiel raso, klaso, kaj
seksuala orientiĝo, por pli kompleksa kompreno de la rolo
de virinoj en la socio.

En konkludo, la rolo de virinoj en la nuna socio estas
plurfaceta kaj evoluas. Virinoj estas aktoroj en la
labormerkato, familia vivo, politika sfero, kaj aliaj aspektoj
de la socio. Ili kontribuas al la progreso de la socio kaj
batalas por egaleco kaj justeco. Tamen, ankoraŭ restas
laboro por pliigi konscion kaj establi plenan egalecon por
virinoj. Nur per daŭra kompreno, respekto, kaj solidareco ni
povos atingi pli egalajn kaj progresajn sociojn por virinoj kaj
por ĉiuj homoj.

LA IMPAKTO DE KLIMATA ŜANĜO SUR LA MEDION

Klimata ŝanĝo estas gravega problemo, kiu influas la
medioperon. La rapida pliiĝo de atmosferaj gasoj, kiel
ekzemple karbona dioksido, kaŭzas disbalanciĝon en la
klimato kaj kreadas negativajn efikojn sur la medio. Tiu ĉi
eseeto eksploros la impakton de klimata ŝanĝo sur la medio
kaj kiel ĝi minacas la ekosistemojn kaj homan vivon.

Women, together with men, build more equal and just societies.

However, despite progress, there are still challenges and discrimination that influence the role of women in society. Sexism and gender inequality still exist in various forms, and it is necessary to fight for full equality. Women must combat stigmatization, sexual objectification, and unfair pay. It is also necessary to be aware of the intersection of gender with other factors, such as race, class, and sexual orientation, for a more comprehensive understanding of the role of women in society.

In conclusion, the role of women in contemporary society is multifaceted and evolving. Women are actors in the labor market, family life, the political sphere, and other aspects of society. They contribute to the progress of society and fight for equality and justice. However, there is still work to be done to increase awareness and establish full equality for women. Only through continued understanding, respect, and solidarity can we achieve more equal and progressive societies for women and for all people.

THE IMPACT OF CLIMATE CHANGE ON THE ENVIRONMENT

Climate change is a serious problem that affects the environment. The rapid increase of atmospheric gases, such as carbon dioxide, causes imbalances in the climate and creates negative effects on the environment. This essay will explore the impact of climate change on the environment and how it threatens ecosystems and human life.

Unu el la plej evidaj efikoj de klimata ŝanĝo estas la pliiĝo de la temperaturo de la planedo. La averaĝa temperaturo de la tero pliiĝas, kaj ĉi tio havas malsamajn konsekvencojn. Glaciaj regionoj degelas, kaj maroj kaj oceanoj varmiĝas. Tio kaŭzas la pliiĝon de la mara nivelo, kiu minacas insulojn kaj marbordajn komunumojn. Krome, tio kaŭzas pli intensajn veterajn fenomenojn, kiel ekzemple uraganoj kaj sektoj. Tiaj eventoj kaŭzas ruinajn konsekvencojn al la homaj komunumoj kaj la medio.

Klimata ŝanĝo ankaŭ havas negativan efikon sur biodiversecon. La ŝanĝiĝantaj klimataj kondiĉoj kaŭzas translokadon de specioj kaj eltrovadon de naturaj habitatlokoj. Multaj specioj estas konfrontitaj kun la malfacila tasko de adaptiĝo al novaj medioj, kaj multaj povas ne esti kapablaj plenumi tion. Tio rezultas en la perdo de biodiverseco kaj la risko de elstingado de specioj. La naturaj ekosistemoj suferas kaj perdas sian kapablon provizi niĉon por multaj organismoj.

Alia grava aspekto estas la impakto de klimata ŝanĝo sur la akvo. La pliiĝanta varmo kaŭzas malpliiĝon de akvresursoj kaj pliigas la riskon de sekeco. Multaj regionoj suferas pro malsufiĉa akvoprovizo, kiu povas kaŭzi famojn kaj ekonomian malforton. Ankaŭ, la klimata ŝanĝo influas la marajn ekosistemojn, inkluzive de koralrifojoj, kiuj estas gravaj por la mara biodiverseco kaj la turismo industrio.

Tiu ĉi situacio postulas interŝanĝon kaj mitigadon. Ni devas redukti la emisiojn de gasoj, kiuj kontribuas al la klimata ŝanĝo, kaj adopti pli senvivajn praktikojn. Ni devas plibonigi nian uzadon de energio, investi en energio el fontoj neekologiaj, kaj esti pli konsciaj pri niaj konsumaj kutimoj. Ankaŭ, ni devas protekti kaj restaŭri naturajn ekosistemojn, kaj klopodi por pli bona klimata respondeco de registaroj kaj interŝtataj organizaĵoj.

One of the most evident effects of climate change is the rise in global temperatures. The average temperature of the Earth is increasing, and this has various consequences. Glacial regions are melting, and seas and oceans are warming. This leads to the rise of sea levels, which threatens islands and coastal communities. Moreover, it causes more intense weather phenomena, such as hurricanes and droughts. Such events have devastating consequences for human communities and the environment.

Climate change also has a negative impact on biodiversity. Changing climatic conditions lead to species migration and the displacement of natural habitats. Many species are faced with the challenging task of adapting to new environments, and many may not be able to accomplish this. This results in the loss of biodiversity and the risk of species extinction. Natural ecosystems suffer and lose their ability to provide niches for many organisms.

Another significant aspect is the impact of climate change on water resources. Increasing heat causes a decrease in water resources and increases the risk of drought. Many regions suffer from insufficient water supply, which can lead to famines and economic decline. Additionally, climate change affects marine ecosystems, including coral reefs, which are important for marine biodiversity and the tourism industry.

This situation calls for exchange and mitigation. We need to reduce emissions of gases that contribute to climate change and adopt more sustainable practices. We must improve our energy use, invest in eco-friendly energy sources, and be more conscious of our consumption habits. Additionally, we need to protect and restore natural ecosystems and strive for better climate responsibility from governments and international organizations.

Por malpliigi la impakton de klimata ŝanĝo sur la medio, ni devas agi nun. Ĉiu individuo havas rolon ludendan en protektado de la medio kaj promociado de la senviva vivo. Nur per kolektiva agado kaj internacia kunlaboro ni povos povi protekti kaj restarigi la medio, por estontaj generacioj povu ĝui naturon kaj vivi sana kaj harmonia vivo sur nia planedo.

LA SIGNIFO DE KULTURA DIVERSECO EN LA TUTMONDA MONDO

Kultura diverseco estas esenca aspekto de nia mondo en tiu ĉi globaliĝinta epoko. En la daŭra interkonektiĝo kaj interago inter landoj kaj kulturoj, la signifo de kultura diverseco pligrandiĝas. Tiu ĉi eseeto esploros la signifon de kultura diverseco en la tutmonda mondo kaj kiel ĝi enriĉas nian sperton kaj komprenon de la mondo.

Unu el la plej gravaj aspektoj de kultura diverseco estas la plurlingveco. La multaj lingvoj, kiuj ekzistas tra la mondo, reprezentas ne nur komunikajn ilojn, sed ankaŭ la identecon, la historion, kaj la kulturon de la homoj. Kiam ni lernas aliajn lingvojn, ni ne nur kapablas interkompreniĝi pli bone kun homoj el diversaj kulturoj, sed ni ankaŭ pli profunde enkorpigas la kulturan diversecon en nian propran sperton.

Krom tio, kultura diverseco prezentas vastan spektron de kulturaj esprimoj kaj tradicioj. La diversaj manieroj, per kiuj homoj kreas kaj esprimas sian identecon, donas al ni la ŝancon pli bone kompreni la profundajn signifojn de aliaj kulturoj. La muziko, dancado, artaĵoj, festoj, kaj religio estas nur kelkaj el la multaj manieroj, per kiuj kulturoj elmontras sian kreademon kaj spiriton. Kultura diverseco donas al ni novajn perspektivojn, valorojn, kaj vojojn de esprimado.

To lessen the impact of climate change on the environment, we must act now. Each individual has a role to play in protecting the environment and promoting sustainable living. Only through collective action and international collaboration can we protect and restore the environment, so that future generations can enjoy nature and live a healthy and harmonious life on our planet.

THE SIGNIFICANCE OF CULTURAL DIVERSITY IN A GLOBALIZED WORLD

Cultural diversity is an essential aspect of our world in this era of globalization. In the continuous interconnection and interaction between countries and cultures, the significance of cultural diversity grows. This essay will explore the significance of cultural diversity in the globalized world and how it enriches our experience and understanding of the world.

One of the most important aspects of cultural diversity is multilingualism. The many languages that exist throughout the world not only serve as communication tools but also represent the identity, history, and culture of people. When we learn other languages, we not only improve our ability to communicate with people from diverse cultures but also deepen the incorporation of cultural diversity into our own experience.

Furthermore, cultural diversity encompasses a wide range of cultural expressions and traditions. The various ways in which people create and express their identity provide us with the opportunity to better understand the profound meanings of other cultures. Music, dance, artwork, festivals, and religion are just a few of the many ways in which cultures showcase their creativity and spirit. Cultural diversity offers us new perspectives, values, and modes of expression.

La signifo de kultura diverseco ankaŭ rilatas al socia kaj ekonomia aspekto de la mondo. La interkonektiĝo de homoj kaj kulturoj tra komerco, turismo, kaj migrado havas profundajn konsekvencojn por nia mondo. Kultura diverseco plibonigas la ekonomion, kreu novajn komercajn oportunojn, kaj disvastigu ideojn kaj teknologiojn tra landlimoj. Ankaŭ, ĝi kontribuas al la inkluziveco kaj la aranĝo de justa socio, kie ĉiuj homoj havas la rajton esti respektitaj kaj valoritaj pro sia kulturo kaj identeco.

Tamen, kultura diverseco ne estas sen siaj defioj kaj konfliktoj. La malsameco de kulturoj povas konduki al miscomprehendoj, stereotipoj, kaj konfliktoj. Tial estas gravega kompreni kaj respekti la aliajn kulturojn, kaj konstrui dialogon kaj kompromisojn inter ili. Nur per toleranco, edukado, kaj senprema interkultura komunikado, ni povos krei pacojn kaj harmonion en la tutmonda socio.

En konkludo, kultura diverseco estas la belega trezoro de nia mondo en la globaliĝinta epoko. Ĝi enriĉas nian sperton, pli bone kompreni la profundecon de homa esprimo kaj la kompleksecon de la mondo. Per kultura diverseco, ni povas kreskigi nian kulturan horizonton, krei sociajn kaj ekonomiajn oportunecojn, kaj konstrui interkulturan pacojn. Ĉiuj homoj havas la rajton esprimi kaj konservi sian propran kulturon kaj identecon, kaj nur en tia mondo, ni povos atingi vera kompreno, respekto, kaj harmonio inter ni ĉiuj.

The significance of cultural diversity also relates to the social and economic aspect of the world. The interconnection of people and cultures through trade, tourism, and migration has profound consequences for our world. Cultural diversity enhances the economy, creates new business opportunities, and spreads ideas and technologies across borders. It also contributes to inclusivity and the establishment of a just society, where all people have the right to be respected and valued for their culture and identity.

However, cultural diversity is not without its challenges and conflicts. The differences between cultures can lead to misunderstandings, stereotypes, and conflicts. Therefore, it is crucial to understand and respect other cultures and to build dialogue and compromises among them. Only through tolerance, education, and open-minded intercultural communication can we create peace and harmony in global society.

In conclusion, cultural diversity is the beautiful treasure of our world in the era of globalization. It enriches our experience, enhances our understanding of human expression, and reveals the complexity of the world. Through cultural diversity, we can expand our cultural horizons, create social and economic opportunities, and build intercultural peace. All people have the right to express and preserve their own culture and identity, and only in such a world can we achieve true understanding, respect, and harmony among all of us.

LA ETIKAJ IMPLICAĴOJ DE GENEA INĜENIERADO

Genea inĝenierado estas teknologio, kiu permesas manipuli genetikan materialon de vivaj organismoj. Tiu ĉi eseeto esploros la etikajn implicaĵojn de genea inĝenierado kaj la dilemojn, kiujn ĝi prezentas al la socion kaj al la homaro.

Unu el la ĉefaj demandoj rilate al genea inĝenierado estas la demando pri la limoj de homa interveno en la naturo. La kapablo modifi la genetikan kodon de organismoj malfermas novajn eblecojn, sed ankaŭ postulas seriozajn konsiderojn pri la natura harmonio kaj la respekto al la vivo. Ĉu ni rajtas trudi ŝanĝojn en la naturo, sen scii la longperspektivajn efikojn? Tiu estas gravega demando, kiu postulas konsideradon pri la etikaj principoj kaj la respondeco de la homaro.

Alia grava aspekto estas la demandaĵo pri la justeco kaj la egalaj ŝancoj. Genea inĝenierado povas esti utila en medicino, kreiĝante terapiojn por genetikaj malsanoj. Tamen, tio postulas diskrecon kaj certigi, ke la disdonado de tiuj terapioj estu faira kaj egaleca. Ni devas eviti situaciojn, en kiuj nur la riĉuloj havas aliron al tiuj avantaĝoj, dum la malriĉaj kaj malpovaj estas ekskluditaj. Tiel, la etikaj implikaĵoj de genea inĝenierado implicias ankaŭ demandojn pri justeco en la socio.

Plue, genea inĝenierado prezentas riskojn pri la biologia diverso kaj la ekosistemoj. La enkonduko de genetike modifitaj organismoj en la naturo povas havi neanticipeblajn konsekvencojn por la ekosistemoj kaj la biodiverseco. Ni devas konsideri la longperspektivajn efikojn kaj certigi, ke niaj agoj ne kaŭzas damaĝojn al la natura mondo. La etikaj principoj devas gvidi nin en la decidoj pri genea inĝenierado

THE ETHICAL IMPLICATIONS OF GENETIC ENGINEERING

Genetic engineering is a technology that allows for the manipulation of genetic material in living organisms. This essay will explore the ethical implications of genetic engineering and the dilemmas it presents to society and humanity.

One of the main questions regarding genetic engineering is the question of the limits of human intervention in nature. The ability to modify the genetic code of organisms opens up new possibilities but also requires serious considerations regarding natural harmony and respect for life. Do we have the right to impose changes in nature without knowing the long-term effects? This is a crucial question that calls for consideration of ethical principles and human responsibility.

Another important aspect is the issue of justice and equal opportunities. Genetic engineering can be beneficial in medicine, creating therapies for genetic diseases. However, this requires discretion and ensuring that the distribution of these therapies is fair and equitable. We must avoid situations where only the wealthy have access to these advantages while the poor and disadvantaged are excluded. Thus, the ethical implications of genetic engineering also involve questions of justice in society.

Furthermore, genetic engineering poses risks to biological diversity and ecosystems. The introduction of genetically modified organisms into nature can have unpredictable consequences for ecosystems and biodiversity. We must consider the long-term effects and ensure that our actions do not cause harm to the natural world. Ethical principles should guide us in decisions regarding genetic engineering

por eviti nerevideblajn danĝerojn kaj pliigi nian respekton al la vivaj organismoj kaj la ekosistemoj.

La etikaj implikaĵoj de genea inĝenierado postulas reflekton, diskuton kaj interkonsenton. Ni devas konsideri ne nur la sciencajn kaj teknologiajn aspektojn, sed ankaŭ la moralajn, socioekonomiajn kaj ekologajn konsekvencojn. La respondoj al tiuj demandoj ne estas simplaj, kaj ni devas evolui nian komprenon kaj nian respondecon konstante.

Fine, ni devas pripensi, ke genea inĝenierado estas pova ilo por bono, sed ankaŭ povas esti uzata por malbono. La etiko kaj la reguligo estas esencaj por certigi, ke genea inĝenierado estas aplikitaj laŭ la principoj de respekto, justeco, kaj prizorgo. Nur per etika, prudenta kaj responsa uzo de tiu teknologio ni povos minimigi la negativajn konsekvencojn kaj atingi pli bonan estontecon por homaro kaj nia planedo.

LA POTENCO DE MUZIKO KIEL UNIVERSALA LINGVO

Muziko estas arto kiu trudas barierojn kaj komunikas sen vortoj. Ĝi havas potencon kiel universala lingvo, kiu traboras kulturojn, lingvojn kaj naciojn. Tiu ĉi eseeto esploros la potencon de muziko kiel universala lingvo kaj kiel ĝi povas unui homojn tra la mondo.

Muziko povas esprimi emociojn, sentojn kaj ideojn sen la bezono de lingva traduko. Per tonoj, ritmoj kaj melodioj, ĝi povas komuniki kun homoj tra la tuta mondo. Kiam ni aŭskultas muzikon, ni povas senti ĝian forton kaj empatii kun la kreado de la artisto. Ne gravas, de kie ni venas aŭ kion ni parolas, la lingvo de muziko estas universala.

to avoid irreversible dangers and increase our respect for living organisms and ecosystems.

The ethical implications of genetic engineering require reflection, discussion, and consensus. We must consider not only the scientific and technological aspects but also the moral, socio-economic, and ecological consequences. The answers to these questions are not simple, and we must constantly evolve our understanding and responsibility.

Finally, we must consider that genetic engineering is a powerful tool for good but can also be used for harm. Ethics and regulation are essential to ensure that genetic engineering is applied according to the principles of respect, justice, and care. Only through ethical, prudent, and responsible use of this technology can we minimize negative consequences and achieve a better future for humanity and our planet.

THE POWER OF MUSIC AS A UNIVERSAL LANGUAGE

Music is an art that breaks barriers and communicates without words. It has the power as a universal language that transcends cultures, languages, and nations. This essay will explore the power of music as a universal language and how it can unite people across the world.

Music can express emotions, feelings, and ideas without the need for linguistic translation. Through tones, rhythms, and melodies, it can communicate with people worldwide. When we listen to music, we can feel its power and empathize with the artist's creation. It doesn't matter where we come from or what language we speak, the language of music is universal.

Muziko ankaŭ povas esti rimedo por kompreni kaj apprezi diversajn kulturojn. Tra muziko, ni povas eksplori kaj enprofundiĝi en la tradicioj, valoroj kaj identeco de malsamaj popoloj. La muzikaj stiloj, kiel la klasika muziko, popa muziko, etnaj melodioj kaj tradiciaj kantoj, donas al ni la okazon ekscii pri la historio kaj spirito de aliaj homoj. Muziko helpas nin malkovri nian samideanecon kaj kompreni la belon de diverso.

Muziko ankaŭ havas la kapablon unui homojn tra specifaj kuntekstoj. Ĝi estas viva parto de sociaj eventoj, kiel koncertoj, festoj kaj religiaj ceremonioj. Per partopreno en tiaj okazoj, ni povas krei kunhavan spacon, kie muziko iĝas la ligilo inter homoj. Kvankam ni parolas malsamajn lingvojn, kiam ni kantas aŭ ludas muzikon kune, ni povas kompreni unu la alian kaj senti la harmonion de niaj koroj.

La potenco de muziko estas evidenta en ĝia efiko sur niajn emociojn kaj saĝecon. Muziko povas inspiri nin, doni al ni forton en malfacilaj momentoj kaj nutri nian animon. Ĝi havas terapian efikon, helpante nin esprimi kaj trakti niajn sentojn. Kiam ni aŭskultas muzikon, ni povas senti, ke ni apartenas al io pli granda, kiel membroj de la homa raso.

Fine, muziko estas fonto de paco, solidareco kaj internacia konsento. En muzika kreado kaj esplorado, ni povas renkonti homojn el malsamaj kulturoj kaj trovi harmonion inter ni. Kiam ni kantas aŭ ludas muzikon, ni ne nur esprimas niajn individuajn sentojn, sed ankaŭ partoprenas en la granda simfonio de la homaro.

Do, ni vidas, ke muziko havas la potencon unui, komuniki kaj inspiri nin. Ĝi estas lingvo sen barieroj, kiu traboras kulturojn kaj kreas ligon inter homoj. Muziko estas universala lingvo de la koro, kiu superas vortojn kaj atingas niajn animojn.

Music can also be a means to understand and appreciate diverse cultures. Through music, we can explore and delve into the traditions, values, and identity of different peoples. Musical styles such as classical music, popular music, ethnic melodies, and traditional songs give us the opportunity to learn about the history and spirit of other people. Music helps us discover our common humanity and understand the beauty of diversity.

Music also has the ability to unite people in specific contexts. It is a vibrant part of social events such as concerts, celebrations, and religious ceremonies. By participating in such occasions, we can create a shared space where music becomes the bond between people. Even though we speak different languages, when we sing or play music together, we can understand each other and feel the harmony of our hearts.

The power of music is evident in its impact on our emotions and wisdom. Music can inspire us, give us strength in difficult moments, and nourish our souls. It has a therapeutic effect, helping us express and process our feelings. When we listen to music, we can feel that we belong to something greater, as members of the human race.

Lastly, music is a source of peace, solidarity, and international agreement. In musical creation and exploration, we can meet people from different cultures and find harmony among ourselves. When we sing or play music, we not only express our individual feelings but also participate in the grand symphony of humanity.

So, we see that music has the power to unite, communicate, and inspire us. It is a language without barriers that transcends cultures and creates a connection among people. Music is the universal language of the heart that surpasses words and reaches our souls.

LA EVOLUO KAJ INFLUO DE SOCIAJ RETEJOJ

En nia moderna socion, sociaj retejoj ludas signifan rolon en la interago kaj komunikado inter homoj. Tiu ĉi eseeto esploros la evoluon kaj la influon de sociaj retejoj, kaj kiel ili ŝanĝis la manieron, per kiu ni interagas kaj informiĝas.

Komencante, ni rigardos la evoluon de sociaj retejoj. Antaŭ kelkaj jardekoj, la ideo pri konekti homojn en virtualeco estis nekonata. Nun, sociaj retejoj kreskis kaj transformiĝis en potencajn platformojn, kie homoj povas krei profilojn, konektiĝi kun amikoj kaj familio, kaj kunhavigi informon kaj spertojn.

Sociaj retejoj havas ampleksan influon sur niajn vivojn. Ili donas al ni la eblecon komuniki kaj esti informitaj senbariere. Ni povas partopreni diskutojn, kaj dividi niajn pensojn kaj sentojn kun homoj tutmonde. Sociaj retejoj estas ŝanĝintaj la manieron, per kiu ni interagas kaj konstruas niajn sociajn rilatojn.

Tamen, ili ankaŭ prezentas kelkajn defiojn kaj riskojn. La dependeco de sociaj retejoj povas konduki al izolado kaj la malaltiĝo de reala socia interago. Homoj povas troigi sian tempon en la virtuala mondo, forgesante la valoron de personaj renkontoj kaj komunikado malsupre de la ekranoj.

Plue, sociaj retejoj ankaŭ alportas demandojn pri sekureco kaj privateco. La disvastigo de informo kaj la ebleco de ĝia misuzo povas krei riskojn por nia identeco kaj privata vivo. Ni devas esti kritikaj pri la informo, kiun ni dividas kaj la informo, kiun ni ricevas, por eviti trompojn kaj atenti pri nia sekureco en la virtualeco.

THE EVOLUTION AND IMPACT OF SOCIAL NETWORKING SITES

In our modern society, social networking sites play a significant role in the interaction and communication among people. This essay will explore the evolution and impact of social networking sites and how they have changed the way we interact and gather information.

To begin with, let us examine the evolution of social networking sites. Just a few decades ago, the idea of connecting people in a virtual space was unknown. Now, social networking sites have grown and transformed into powerful platforms where people can create profiles, connect with friends and family, and share information and experiences.

Social networking sites have a broad impact on our lives. They provide us with the ability to communicate and stay informed without barriers. We can participate in discussions and share our thoughts and feelings with people around the world. Social networking sites have changed the way we interact and build our social relationships.

However, they also present some challenges and risks. The dependency on social networking sites can lead to isolation and a decrease in real-life social interaction. People can spend excessive time in the virtual world, forgetting the value of personal encounters and communication beyond the screens.

Furthermore, social networking sites also raise questions about security and privacy. The spread of information and the potential for its misuse can create risks to our identity and private lives. We need to be critical about the information we share and the information we receive to avoid deception and be mindful of our security in the virtual realm.

Nekontesteble, sociaj retejoj transformis nian mondon. Ili pliigiĝis kiel platformoj por politika partopreno, negociaj interŝanĝoj, kaj eĉ kiel vojo por sociaj movadoj kaj protestoj. Sociaj retejoj havigas voĉon al homoj, kiuj antaŭe estis senasistitaj en la publika dissendo de siaj ideoj kaj spertoj.

Fine, ni devas konscii pri nia uzado de sociaj retejoj. Ni devas uzi ilin kun saĝeco kaj moderi nian tempuzadon. Ni devas esti konsciaj pri la influo de sociaj retejoj sur nia emocioj kaj komunikado, kaj memori pri la valoro de la reala interago.

En konkludo, sociaj retejoj estas senkutimaj fenomenoj, kiuj ŝanĝis nian mondon. Ili havas la potencon krei konektojn, disvastigi informon, kaj ŝanĝi niajn sociajn rilatojn. Tamen, ni devas esti kritikaj kaj atenti pri la riskoj, kiuj povas akompani ilian uzadon. La evoluon de sociaj retejoj daŭras, kaj ni devas akompani ĝin kun prudento kaj konscio.

LA ROLO DE LA MEDIA EN FORMADO DE PUBLIKA OPINIO

En nia ĝisnuna informsocio, la media ludas signifan rolon en la formado de publika opinio. Ĉi tiu eseeto esploros la rolon de la media en influi la opiniojn de la publiko kaj kiel ĝi povas ŝanĝi niajn perceptojn kaj konojn pri la mondo.

La media estas fonto de informoj, novaĵoj kaj entreprenoj. Per ĝia rapida disvasto de informoj, la media povas influi, kio estas prezentita al la publiko kaj kiel tio estas prezentita. Tiel, ĝi havas la kapablon elekti, kiuj aspektoj aŭ rakontoj estas elstarigitaj kaj kiu parto de la informo estas subpremita aŭ malaperigita. Tio povas havi signifan efikon sur la opinioj de la publiko kaj la kreo de komuna percepto.

Undeniably, social networking sites have transformed our world. They have emerged as platforms for political participation, business exchanges, and even as a means for social movements and protests. Social networking sites give a voice to people who were previously marginalized in the public dissemination of their ideas and experiences.

Lastly, we need to be aware of our usage of social networking sites. We should use them with wisdom and moderate our screen time. We need to be conscious of the influence of social networking sites on our emotions and communication and remember the value of real-life interaction.

In conclusion, social networking sites are unprecedented phenomena that have changed our world. They have the power to create connections, spread information, and transform our social relationships. However, we must be critical and mindful of the risks that may accompany their use. The evolution of social networking sites continues, and we must accompany it with prudence and awareness.

THE ROLE OF MEDIA IN SHAPING PUBLIC OPINION

In our current information age, the media plays a significant role in shaping public opinion. This essay will explore the role of the media in influencing public opinions and how it can change our perceptions and knowledge of the world.

The media serves as a source of information, news, and enterprises. Through its rapid dissemination of information, the media can influence what is presented to the public and how it is presented. It has the ability to select which aspects or stories are highlighted and which part of the information is suppressed or disappeared. This can have a significant impact on public opinions and the creation of a common perception.

La media ankaŭ havas la povon krei kaj difini temojn, kiuj iĝas gravaj en la publika diskuto. Per fokusiĝo sur specifajn aferojn aŭ ideojn, la media povas plialtigi ilian videmon kaj krei sentimenton de urĝeco. Ekzemple, temoj pri socioekonomiaj problemoj, politikaj aferoj aŭ klimata ŝanĝo povas esti akcentitaj kaj enplantiĝi en la publikan diskurson per la helpo de la media. Tio influas, kiel la publiko rigardas kaj komprenas tiujn aferojn.

Tamen, estas grave rekoni, ke la media mem havas siajn proprajn interesojn kaj influojn. Ekzistas ekonomiaj, politikaj kaj aliaj fortoj, kiuj povas influi la enhavon kaj tonon de la media informado. Tio signifas, ke ni devas esti kritikaj konsumantoj de informo kaj esplori multajn fontojn por havi pli kompletan bildon de la temo.

La media ankaŭ havas la kapablon formi kaj influi la opinion de individuoj. Per konstanta eksponiĝo al certaj ideoj aŭ perspektivoj, la media povas ŝanĝi aŭ rekonfirmi niajn kredojn kaj valorojn. Tio povas esti potenca ilo en la formado de publikaj opinioj kaj politikaj tendencoj.

Fine, ni mem havas rolon kiel aktiva partoprenantoj en la media lando. Ni povas elekti, kiel ni konsumas informon kaj kiel ni partoprenas en la publika diskuto. Ni devas esti kritikaj, informitaj kaj malfermiĝi al diversaj perspektivoj, por havi pli kompletan bildon de la mondo kaj pli ĝuste formi niajn opiniojn.

Do, ni vidas, ke la media ludas gravan rolon en la formado de publika opinio. Ĝi influas nian percepton pri la mondo, kreas temojn de diskuto, kaj povas ŝanĝi aŭ rekonfirmi niajn kredojn kaj valorojn. Tamen, ni devas esti kritikaj kaj aktive partopreni en la mediadisciplino por havi pli kompleta kaj diversa kompreno de la mondo.

The media also has the power to create and define topics that become important in public discourse. By focusing on specific issues or ideas, the media can increase their visibility and create a sense of urgency. For example, topics related to socio-economic issues, political affairs, or climate change can be emphasized and embedded in public discourse with the help of the media. This influences how the public views and understands those issues.

However, it is important to recognize that the media itself has its own interests and influences. There are economic, political, and other forces that can influence the content and tone of media reporting. This means that we must be critical consumers of information and explore multiple sources to have a more complete picture of the topic.

The media also has the ability to shape and influence the opinions of individuals. Through constant exposure to certain ideas or perspectives, the media can change or reaffirm our beliefs and values. This can be a powerful tool in shaping public opinions and political trends.

Lastly, we ourselves have a role as active participants in the media landscape. We can choose how we consume information and how we engage in public discourse. We must be critical, informed, and open to diverse perspectives in order to have a more complete understanding of the world and to form our opinions more accurately.

Therefore, we see that the media plays an important role in shaping public opinion. It influences our perception of the world, creates topics of discussion, and can change or reaffirm our beliefs and values. However, we must be critical and actively engage in media literacy to have a more comprehensive and diverse understanding of the world.

LA AVANTAĜOJ KAJ MALAVANTAĜOJ DE REGENERAJ ENERGIAJ FONTOJ

Regeneraj energiaj fontoj estas estis konsiderataj kiel alternativoj al tradiciaj fontoj de energio. Ili ofertas multajn avantaĝojn, sed ankaŭ prezentas kelkajn malavantaĝojn. Ĉi tiu eseeto esploros la avantaĝojn kaj malavantaĝojn de regeneraj energiaj fontoj.

Unu el la plej gravaj avantaĝoj de regeneraj energiaj fontoj estas ilia neelstara karaktero. Fontoj kiel suno, vento, hidropotenco, kaj geotermio estas neesgotaj kaj povas esti utiligitaj sen fino. Tio kontrastas kun fosilaj brulaĵoj, kiuj estas limigitaj kaj kies dispono povas elĉerpiĝi en la estonteco. Regeneraj energiaj fontoj permesas ni konsumi energion sen enveturi naturajn resursojn, kaj kontribui al pli daŭra kaj ekologia energetika sistemo.

Alia avantaĝo estas la malalta aŭ nula karbona elpoŝigo. Regeneraj energiaj fontoj estas malpli poluaj ol tradiciaj fontoj de energio, kiel krombruligado de fosilaj brulaĵoj. Ili ne liberigas grandan kvanton de klimatŝanĝaj gasoj en la atmosferon, kiel ekzemple karbondioksido. Tio signifas, ke la uzado de regeneraj energiaj fontoj helpas malpliigi la negativan efikon de nia energetika konsumo sur la klimato kaj medio.

Aliflanke, regeneraj energiaj fontoj havas ankaŭ kelkajn malavantaĝojn. Unu el ili estas la intermita dispono de energio. Ekzemple, suno kaj vento estas nekonstantaj kaj ne ĉiam disponeblaj. Tio povas signifi, ke la produktado de regenera energio ne ĉiam kongruas kun la bezono de la konsumantoj. Por superi tion, oni devas evoluigi kapablajn sistemojn por konservi kaj stokadi superfluan energion aŭ kontroli la konsumon laŭ la havebla dispono.

THE BENEFITS AND DRAWBACKS OF RENEWABLE ENERGY SOURCES

Renewable energy sources have been considered as alternatives to traditional sources of energy. They offer many advantages, but also present some drawbacks. This essay will explore the benefits and drawbacks of renewable energy sources.

One of the most significant advantages of renewable energy sources is their inexhaustible nature. Sources such as sunlight, wind, hydropower, and geothermal energy are renewable and can be utilized indefinitely. This contrasts with fossil fuels, which are finite and their availability may be depleted in the future. Renewable energy sources allow us to consume energy without depleting natural resources and contribute to a more sustainable and environmentally friendly energy system.

Another advantage is the low or zero carbon emissions. Renewable energy sources are less polluting than traditional sources of energy, such as the burning of fossil fuels. They do not release a large amount of greenhouse gases into the atmosphere, such as carbon dioxide. This means that the use of renewable energy sources helps to reduce the negative impact of our energy consumption on the climate and the environment.

On the other hand, renewable energy sources also have some drawbacks. One of them is the intermittent availability of energy. For example, sunlight and wind are variable and not always available. This can mean that the production of renewable energy does not always match the demand of consumers. To overcome this, capable systems need to be developed to store and preserve excess energy or manage consumption according to the available supply.

Ankoraŭ unu malavantaĝo estas la altaj komencegaj investoj. Komencigi regeneran energian projekton, kiel ekzemple suna aŭ venta elektrocentralo, postulas grandajn investojn. Tio povas esti bariero por malgrandaj komunumoj aŭ landoj kun malalta ekonomia kapablo. Tamen, la daŭra redukto de la kostoj de regeneraj teknologioj povas helpi malpliigi tiun barieron en la estonteco.

En konkludo, regeneraj energiaj fontoj havas multajn avantaĝojn, inkluzive de neelstareco kaj malalta karbona elpoŝigo. Tamen, ili ankaŭ prezentas kelkajn malavantaĝojn, kiel la intermita dispono de energio kaj la altaj komencegaj investoj. La evoluo kaj uzado de regeneraj energiaj fontoj estas kritika por nia transiro al pli daŭra kaj ekologia energiosistemo.

LA EFFEKTOJ DE MONDIGO SUR LOKAJ EKONOMIOJ

La fenomeno de mondigo havas profundajn influojn sur lokaj ekonomioj en la tuta mondo. Ĉi tiu eseeto esploros la efikojn de mondigo sur lokajn ekonomiojn kaj kiel ĝi povas influi diversajn aspektojn de ekonomia vivo.

Unu el la efikoj de mondigo estas la internacia komerco kaj la malpliigo de komercaj bariloj. Mondigo permesas al kompanioj facile komerci kaj konkuradi tra landlimoj. Tio povas krei novajn komercajn ŝancojn kaj pli ampleksajn merkatojn por lokaj kompanioj. Tamen, ĝi ankaŭ povas havi negativajn efikojn, kiel la konkurado kun internaciaj gigantoj, kiu povas meti en danĝeron lokajn malgrandajn entreprenojn.

Alia efiko de mondigo estas la internacia investado. Transnaciaj kompanioj povas investi en lokajn ekonomiojn, kio povas krei laborpostenojn kaj ekonomian kreskon.

Another drawback is the high initial investment. Initiating a renewable energy project, such as a solar or wind power plant, requires significant investments. This can be a barrier for small communities or countries with low economic capacity. However, the ongoing reduction in the costs of renewable technologies can help to lower this barrier in the future.

In conclusion, renewable energy sources have many advantages, including inexhaustibility and low carbon emissions. However, they also present some drawbacks, such as the intermittent availability of energy and high initial investments. The development and utilization of renewable energy sources are crucial for our transition to a more sustainable and environmentally friendly energy system.

THE EFFECTS OF GLOBALIZATION ON LOCAL ECONOMIES

The phenomenon of globalization has profound impacts on local economies worldwide. This essay will explore the effects of globalization on local economies and how it can influence various aspects of economic life.

One of the effects of globalization is international trade and the reduction of trade barriers. Globalization allows companies to easily trade and compete across borders. This can create new business opportunities and broader markets for local companies. However, it can also have negative effects, such as competition with international giants, which can endanger local small businesses.

Another effect of globalization is international investment. Transnational companies can invest in local economies, creating jobs and economic growth.

Tamen, ĝi ankaŭ povas kaŭzi dependon de eksterlandaj kompanioj kaj laŭigi la ekonomian politikon de la lando al la interesoj de tiuj kompanioj.

Mondigo ankaŭ povas influi la laborforton. Dum unuflanka laboraj postenoj povas esti perditaj pro eksterlandaj konkurencantoj, aliaflanka novaj laboraj postenoj povas esti kreitaj en novaj sektoroj aŭ industrioj. Tio postulas adaptiĝon kaj reentrenadon de laboristoj, por ke ili povu gajni en la ŝanĝanta ekonomio.

Krom tio, mondigo povas havi efikojn sur kulturan identecon kaj tradiciojn. La malfermiĝo de ekonomioj al internaciaj influejoj povas signifi, ke lokaj kulturoj kaj tradicioj povas esti influataj de aliaj kulturoj kaj valoroj. Tio povas esti vidata kiel kultura homogeniĝo aŭ kiel okazo por enriĉiĝo kaj interŝanĝo inter kulturoj.

Fine, mondigo povas esti ambaŭo avantaga kaj malavantaga por lokaj ekonomioj. Ĝi povas krei novajn ŝancojn kaj pliampleksigi merkatojn, sed ankaŭ povas kaŭzi konkuron kaj dependon de internaciaj aktoroj. La sukceso de lokaj ekonomioj en la epoko de mondigo dependas de ilia kapablo adaptiĝi, inovadi, kaj efike uzi la oportunajojn, kiujn mondigo prezentas.

However, it can also lead to dependency on foreign companies and align the economic policies of the country with the interests of those companies.

Globalization can also impact the workforce. While on one hand, jobs may be lost due to foreign competition, on the other hand, new jobs may be created in new sectors or industries. This requires adaptation and retraining of workers so that they can thrive in the changing economy.

Additionally, globalization can have effects on cultural identity and traditions. The opening up of economies to international influences can mean that local cultures and traditions may be influenced by other cultures and values. This can be seen as cultural homogenization or as an opportunity for enrichment and exchange between cultures.

Finally, globalization can be both advantageous and disadvantageous for local economies. It can create new opportunities and expand markets, but it can also lead to competition and dependence on international actors. The success of local economies in the era of globalization depends on their ability to adapt, innovate, and effectively utilize the opportunities that globalization presents.

LA GRAVECO DE KRITIKA PENSADO EN LA DIGTIA EPOKO

En la nuntempa digita epoko, kritika pensado estas esenca por navigi la abundon de informo kaj komunikiĝi efike. Ĉi tiu eseeto esploros la gravecon de kritika pensado kaj kiel ĝi helpas nin formi pravajn juĝojn kaj agi prudente en la dissendo de informo.

La disvolviĝo de la interreto kaj sociaj retoj donis al ni facile alireblan fonton de informo, sed ankaŭ pliigis la ŝancon de misinformado kaj manipulado. Kritika pensado permesas al ni evalui la validon kaj fidindecon de informo, kaj eviti malverajn aŭ trompemajn asertojn. Tio estas esenca en la digitaj medianoj, kie informo povas esti disvastigita rapide sen sufika kontrolo aŭ validigo.

Kritika pensado ankaŭ helpas nin eviti la efikon de biaso aŭ percepta influo. La informa superŝarĝo kaj la sociaj medianoj povas influenci nian percepton kaj opiniojn. Kritika pensado konscias nin pri niaj propraj antaŭjuĝoj kaj helpas ni esplori malsamajn perspektivojn. Ĝi helpas nin kompreni la kompleksajn kuntekstojn kaj diferencigi inter opinioj kaj faktoj.

En la dissendo de informo, kritika pensado estas kritika por spertoj kaj testoj. Tio signifas, ke ni agnoskas la valoron de la fontoj kaj esploras la validon de la prezentitaj argumentoj. Ni ne akceptas senkritike ĉion, kion ni legas aŭ aŭdas, sed ni analizas ĝin kaj formigas nian propran juĝon. Tio estas esenca por eviti esti manipulitaj de malveraj informoj aŭ propagando.

THE IMPORTANCE OF CRITICAL THINKING IN THE DIGITAL AGE

In the current digital age, critical thinking is crucial for navigating the abundance of information and communicating effectively. This essay will explore the importance of critical thinking and how it helps us form accurate judgments and act wisely in the dissemination of information.

The development of the internet and social media has provided us with easily accessible sources of information, but it has also increased the likelihood of misinformation and manipulation. Critical thinking allows us to evaluate the validity and reliability of information and avoid false or deceptive claims. This is essential in digital media, where information can be quickly spread without sufficient control or validation.

Critical thinking also helps us avoid the influence of bias or perceptual manipulation. Information overload and social media can impact our perception and opinions. Critical thinking makes us aware of our own biases and helps us explore different perspectives. It helps us understand complex contexts and differentiate between opinions and facts.

In the dissemination of information, critical thinking is critical to scrutinize experiments and tests. This means acknowledging the value of sources and examining the validity of the presented arguments. We don't uncritically accept everything we read or hear, but analyze it and form our own judgment. This is essential to avoid being manipulated by false information or propaganda.

Kritika pensado ankaŭ ludiĝas en la disvolviĝo de niaj
komunikaj kapabloj. En la sociaj retoj kaj interrete
kunlaboro, kritika pensado estas grava por determini la
fidindecon de informo kaj respondoj, kaj komuniki efike kaj
respekte. Ĝi helpas ni eviti la traploson de malinformo aŭ
difamaĵo kaj kontribui al konstruktiva kaj informita diskuto.

Fine, kritika pensado estas esenca por nia persona kresko
kaj memstareco en la digita epoko. Ĝi permesas al ni
evoluigi kritikan spiriton kaj skeptikecon kontraŭ malveraj
asertoj aŭ simplifikitaj narativoj. Ĝi permesas al ni fari
informitajn elektojn kaj agi prudente en niaj interagoj kaj
decidadoj.

En konkludo, la graveco de kritika pensado en la digita
epoko estas nepra. Ĝi helpas nin navigi la informan
superŝarĝon, eviti misinformon, kaj komuniki efike kaj
respekte. Kritika pensado estas esenca kapablo por evolui
kiel informitaj kaj memstarecaj individuoj en nia
interkonektita mondo.

Critical thinking also plays a role in the development of our communication skills. In social media and online collaboration, critical thinking is important to determine the credibility of information and responses, and to communicate effectively and respectfully. It helps us avoid the pitfalls of misinformation or defamation and contributes to constructive and informed discussions.

Lastly, critical thinking is essential for our personal growth and self-awareness in the digital age. It allows us to cultivate a critical mindset and skepticism towards false claims or oversimplified narratives. It enables us to make informed choices and act wisely in our interactions and decision-making.

In conclusion, the importance of critical thinking in the digital age is indispensable. It helps us navigate information overload, avoid misinformation, and communicate effectively and respectfully. Critical thinking is an essential skill to evolve as informed and self-reliant individuals in our interconnected world.

LA ROLO DE ARTOJ KAJ LITERATURO EN LA SOCIETO

La artoj kaj literaturo havas profundan rolon en la societo. Ili ne nur provizas al ni estetikan ĝuon, sed ankaŭ influas kaj formas nian kulturon, valorojn, kaj identecon. Ĉi tiu eseeto esploros la signifon de artoj kaj literaturo en nia socia vivado.

Unu el la plej gravaj roloj de la artoj kaj literaturo estas la esprimo de la homa emocia kaj kreativa sperto. Per poezio, romanoj, pentraĵoj, kaj dramoj, artistoj kaj verkistoj elmontras la profundojn de la homa animo kaj montras al ni novajn perspektivojn. Ili kaptas niajn emociojn, pensadojn, kaj vivopintojn, kaj per tio ili helpas nin kompreni nin mem kaj la homan kondiĉon.

La artoj kaj literaturo ankaŭ ludas gravan rolon en la kulturo. Ili estas kiel speguloj de nia socio kaj reflektas niajn valorojn, tradiciojn, kaj ideojn. Tra artoj kaj literaturo, ni povas espori nian propran kulturon kaj kulturojn de aliaj homoj. Ili plibonigas nian interkonekton kun pasintaj kaj nuntempaj kulturoj, kaj kontribuas al nia kultura diverseco kaj komprenado.

Artoj kaj literaturo ankaŭ havas la povon influi la socian konscion kaj ŝanĝi la mondon. Ili povas esti potencaj iloj por kontraŭbatali la injustaĵon, maljustecon, kaj diskriminacion. Pli ol simple esti reflekto de la realo, ili povas esti kataliziloj por ŝanĝo. Per la evoko de emocioj kaj kritika analizo, ili povas mobilizi homojn, levigi sociajn demandojn, kaj inspiri novajn ideojn kaj movadojn.

THE ROLE OF ARTS AND LITERATURE IN SOCIETY

Arts and literature play a profound role in society. They not only provide us with aesthetic enjoyment but also influence and shape our culture, values, and identity. This essay will explore the significance of arts and literature in our social lives.

One of the most important roles of arts and literature is the expression of human emotional and creative experience. Through poetry, novels, paintings, and dramas, artists and writers reveal the depths of the human soul and show us new perspectives. They capture our emotions, thoughts, and life experiences, helping us understand ourselves and the human condition.

Arts and literature also play a crucial role in culture. They act as mirrors of our society, reflecting our values, traditions, and ideas. Through arts and literature, we can explore our own culture and the cultures of others. They enhance our connection with past and present cultures and contribute to our cultural diversity and understanding.

Arts and literature also have the power to influence social consciousness and change the world. They can be potent tools to combat injustice, inequality, and discrimination. More than just reflecting reality, they can be catalysts for change. Through evoking emotions and critical analysis, they can mobilize people, raise social issues, and inspire new ideas and movements.

Krome, la artoj kaj literaturo estas esencaj por nia persona kaj spirita evoluo. Ili povas oferti momentojn de ripozo, refleksio, kaj interna kresko. Ili povas esti fontoj de inspirado, kiel kiam ni trovas identiĝon kun fikciaj karakteroj aŭ sentas profundan konekton al la kreiva procezo. Ili plenigas niajn vivojn per beleco, imagoj, kaj aŭdaj spertoj.

Fine, la artoj kaj literaturo estas integra parto de nia socia identeco kaj evoluo. Ili kultivas nian kreativecon, empation, kaj kritikan pensadon. Ili kontribuas al la disvolviĝo de nia kulturo, lingvo, kaj homaraneco. Sen la artoj kaj literaturo, la societo estus malplena kaj senesprima.

En konkludo, la rolo de artoj kaj literaturo en la societo estas vasta kaj signifa. Ili donas voĉon al niaj internaj sentoj kaj spertoj, reflektas nian kulturon, kaj havas la povon ŝanĝi la mondon. Ili enriĉas niajn vivojn kaj helpas nin pli bone kompreni nin mem kaj la homan kondiĉon. La artoj kaj literaturo estas fundamentaj por nia kulturo kaj kresko kiel socion.

Moreover, arts and literature are essential for our personal and spiritual growth. They can offer moments of rest, reflection, and inner growth. They can be sources of inspiration, such as when we identify with fictional characters or feel a deep connection to the creative process. They enrich our lives with beauty, imagery, and auditory experiences.

Lastly, arts and literature are integral to our social identity and evolution. They cultivate our creativity, empathy, and critical thinking. They contribute to the development of our culture, language, and humanity. Without arts and literature, society would be empty and soulless.

In conclusion, the role of arts and literature in society is vast and significant. They give voice to our inner feelings and experiences, reflect our culture, and have the power to change the world. They enrich our lives and help us better understand ourselves and the human condition. Arts and literature are fundamental to our culture and growth as a society.

LA SIGNIFO DE SUSTENA EVOLUO POR ESTONTAJ GENERACIOJ

Sustena evoluo estas esenca por nia mondo kaj la estonteco de homaro. Ĝi implikas plenumi la aktualajn necesojn sen danĝerigi la eblojn de estontaj generacioj por plenumi siajn proprajn necesojn. Ĉi tiu eseeto esploros la signifon de sustena evoluo por estontaj generacioj.

Unu el la plej grava aspekto de sustena evoluo estas la zorgo pri la medio. Estas necese, ke ni vivu en harmonio kun la naturo kaj zorgu pri ĝia integreco kaj biodiverseco. Ni devas redukti nian klimatan piedon, eviti poluon de aero kaj akvo, kaj protekti niajn naturajn resursojn. Per tio, ni povas certigi, ke estontaj generacioj ankaŭ havos aliron al pura aero, akvo, kaj nutraĵoj.

Sustena evoluo ankaŭ implikas socian kaj ekonomian aspekton. Ni devas krei inkluzivan socion, kie ĉiu havas egalecon de ŝancoj kaj rajtoj. Ni devas esti zorgemaj pri la socia justeco, eviti diskriminacion kaj ekskluzion. Ekonomie, ni devas disvolvi alternativajn modelojn, kiuj ne nur konsideras profiton, sed ankaŭ la longperspektivan bonfaron de la socio kaj la medio. Ekonomio bazita sur resursa efikeco, reciklladon, kaj regeneradon estas esenca por plenumi la bezonojn de la nuntempo sen jeopardo por la estontaj generacioj.

Sustena evoluo ankaŭ rilatas al la kulturo kaj eduko. Ni devas kultivi konsciencon pri la graveco de nia rolo kiel gardistoj de la planedo kaj disvastigi la sciojn pri sustenevolaj praktikoj. La edukado estas ŝlosila faktoro por formi la pensojn kaj kondutojn de estontaj generacioj.

THE SIGNIFICANCE OF SUSTAINABLE DEVELOPMENT FOR FUTURE GENERATIONS

Sustainable development is essential for our world and the future of humanity. It involves meeting present needs without endangering the ability of future generations to meet their own needs. This essay will explore the significance of sustainable development for future generations.

One of the most important aspects of sustainable development is the care for the environment. It is necessary that we live in harmony with nature and safeguard its integrity and biodiversity. We must reduce our carbon footprint, avoid air and water pollution, and protect our natural resources. By doing so, we can ensure that future generations also have access to clean air, water, and food.

Sustainable development also entails social and economic aspects. We must create an inclusive society where everyone has equal opportunities and rights. We need to be mindful of social justice, avoid discrimination and exclusion. Economically, we must develop alternative models that consider not only profit but also the long-term well-being of society and the environment. An economy based on resource efficiency, recycling, and regeneration is essential to meet the needs of the present without jeopardizing the future generations.

Sustainable development also relates to culture and education. We need to cultivate awareness of the importance of our role as guardians of the planet and disseminate knowledge about sustainable practices. Education is a key factor in shaping the thoughts and behaviors of future generations.

Ni devas instrui la junularon pri la valoro de la naturo, la urba planado, kaj la ĉirkauaj komunumoj. Nur per kultivado de konscio kaj scio, ni povas krei bonaŭguran fundamenton por la estonteco.

Fine, la signifo de sustena evoluo por estontaj generacioj estas ĉiutaga realo. La decidoj kaj agoj, kiujn ni faras hodiaŭ, havas direkton pri la estonteco. Ni havas la eblecon kaj la respondecon kontribui al mondo, kie estontaj generacioj povos prosperi kaj ĝui la samajn ŝancojn kaj privilegiojn kiel ni. Nur per la sincera kaj kolektiva agado, ni povas garantii la bonfarton de niaj idoj kaj lasi post ni heredon de vivinda kaj susteneva mondo.

En konkludo, ni devas rekonati la signifon de sustena evoluo por estontaj generacioj. Ĝi implikas la zorgon pri la medio, socian justicon, ekonomian prudenton, kaj kulturan edukadon. Nia decidoj kaj agoj hodiaŭ formas la estonton. Ni devas preni la respondecon kaj agi nun, por ke estontaj generacioj povu ĝui vivon en sana kaj florkreska mondo.

We must teach young people about the value of nature, urban planning, and community engagement. Only through cultivating consciousness and knowledge can we create a solid foundation for the future.

Ultimately, the significance of sustainable development for future generations is a daily reality. The decisions and actions we take today have direct implications for the future. We have the ability and responsibility to contribute to a world where future generations can thrive and enjoy the same opportunities and privileges as us. Only through sincere and collective action can we guarantee the well-being of our descendants and leave a legacy of a livable and sustainable world.

In conclusion, we must recognize the significance of sustainable development for future generations. It involves caring for the environment, social justice, economic prudence, and cultural education. Our decisions and actions today shape the future. We must take responsibility and act now so that future generations can enjoy life in a healthy and flourishing world.

LA IMPAKTO DE MASMEDIO PRI LA KORPA IMAGO KAJ MEMESTIMO

Masmedio ludas signifan rolon en niaj vivoj, sed ĝi ankaŭ povas havi negativan efikon sur nian korpan imagon kaj memestimon. Ĉi tiu eseeto esploros la influon de masmedio sur la maniero, kiel ni perceptas nian korpon kaj estimas nin mem.

Unu el la plej evidenteblaj influoj de masmedio estas la normo de beleco, kiu estas ofte prezentata tra reklamoj, revuaj kovriloj kaj televidaj programoj. La bildoj, kiuj estas montritaj en tiuj mediaspecoj, estas ofte retuŝitaj kaj prezentas idealigitan bildon de korpo. Tio povas krei senton de neadekvateco kaj malkontentecon kun nia propra korpa aspekto. Ni komencas kompari nin kun la bildoj de modeloj kaj famuloj kaj sentas, ke ni ne atingas la sociajn normojn de beleco.

La masmedio ankaŭ povas influi nian memestimon. Kiam ni vidis nur perfektajn kaj idealajn bildojn de homoj, ni povas komenci dubi pri nia propra valoro kaj sentiĝi malmultekosta. Ni povas senti, ke ni devas aspekti kiel la personoj en la mediobildo por esti akceptitaj kaj ŝatataj. Tio povas konduki al malsana obsedo pri la korpa aspekto kaj provoj atingi nerealeblajn standardojn de beleco.

La influo de masmedio sur la korpan imagon kaj memestimon estas multflanka. Ĝi povas esti negativa, sed ankaŭ ekzistas ebloj por pozitiva influo. Ekzemple, masmedio povas ludi rolon en la disvastigo de diversa korpa reprezentado kaj la celebro de la natura beleco. Pluraj medioplatformoj kaj influencantoj nun inkluzivas pli diversajn korpojn kaj afiŝas mesaĝojn de memakcepto kaj korpa pozitiveco.

THE IMPACT OF MASS MEDIA ON BODY IMAGE AND SELF-ESTEEM

Mass media plays a significant role in our lives, but it can also have a negative impact on our body image and self-esteem. This essay will explore the influence of mass media on how we perceive our bodies and evaluate ourselves.

One of the most noticeable influences of mass media is the beauty norm often portrayed through advertisements, magazine covers, and television programs. The images presented in these media outlets are often retouched and present an idealized image of the body. This can create a sense of inadequacy and dissatisfaction with our own physical appearance. We start comparing ourselves to the images of models and celebrities and feel that we don't meet the societal standards of beauty.

Mass media can also influence our self-esteem. When we constantly see only perfect and idealized images of people, we may begin to doubt our own worth and feel insignificant. We may feel the need to look like the people in the media to be accepted and liked. This can lead to an unhealthy obsession with physical appearance and attempts to attain unattainable standards of beauty.

The influence of mass media on body image and self-esteem is multifaceted. It can be negative, but there are also possibilities for positive influence. For instance, mass media can play a role in spreading diverse body representation and celebrating natural beauty. Several media platforms and influencers now include more diverse bodies and promote messages of self-acceptance and body positivity.

Kiel individuoj, ni povas ankaŭ esti kritikaj pri la informoj kaj bildoj, kiujn ni ricevas tra masmedio. Ni povas elekti sekvi mediokontojn, kiuj promovas sana memestimon kaj korpan pozitivecon. Ni povas ankaŭ eviti komparon kun aliaj kaj pli fokusigi sur nian propran valoron kaj kreskon.

Fine, ni devas rekoni, ke nia korpa imago kaj memestimo estas pli ol nur la reflekto de la mediobildo. Ĝi estas pri tio, kiel ni sentas kaj estimas nin mem. Ni devas valorigi kaj respekti nian propran korpon kaj ne lasi, ke la masmedio determinu nian senton pri memakcepto kaj valoro.

En konkludo, la masmedio povas havi influon sur nian korpan imagon kaj memestimon. Ni devas esti kritikaj pri la bildoj kaj informoj, kiujn ni ricevas kaj elekti mediokontojn, kiuj promovas sana memestimon. Ni devas ankaŭ kultivi nian propran valoron kaj respekti nian propran korpon. Nur tiam ni povas havi sana korpa imago kaj memestimon, sendepende de la influo de masmedio.

LA ROLO DE LA REGISTARO EN STIMULADO DE EKONOMIA KRESKO

La rolo de la registaro en la stimulado de ekonomia kresko estas kritika por la prospero kaj progreso de nacia ekonomio. Ĉi tiu eseo esploros la diversajn manierojn, per kiuj la registaro povas kontribui al ekonomia kresko kaj disvolviĝo.

Unu el la ĉefaj roloj de la registaro estas krei kaj apliki politikojn, kiuj fomentas favorajn kondiĉojn por komercaj kaj investaj aktivadoj. Tio inkludas malfermajn komercajn politikojn, kiel reduktado de impostoj kaj tarifoj, faciligo de komercaj proceduroj, kaj establado de stabila kaj klara juridika kadro.

As individuals, we can also be critical of the information and images we receive through mass media. We can choose to follow media accounts that promote healthy self-esteem and body positivity. We can also avoid comparing ourselves to others and focus more on our own worth and growth.

Ultimately, we must recognize that our body image and self-esteem are more than just reflections of the media image. It is about how we feel and evaluate ourselves. We must value and respect our own bodies and not let the media determine our sense of self-acceptance and worth.

In conclusion, mass media can have an impact on our body image and self-esteem. We must be critical of the images and information we receive and choose media accounts that promote healthy self-esteem. We must also cultivate our own self-worth and respect our own bodies. Only then can we have a healthy body image and self-esteem, independent of the influence of mass media.

THE ROLE OF GOVERNMENT IN PROMOTING ECONOMIC GROWTH

The role of government in stimulating economic growth is critical for the prosperity and progress of a national economy. This essay will explore the various ways in which the government can contribute to economic growth and development.

One of the key roles of the government is to create and implement policies that foster favorable conditions for commercial and investment activities. This includes open trade policies, such as reducing taxes and tariffs, facilitating trade procedures, and establishing a stable and clear legal framework.

Tiel la registaro povas krei stimulajn kondiĉojn, kiuj altigas la kapaciton de la ekonomio allogi investojn kaj pliigi produktivecon.

Alia grava rolo de la registaro estas prizorgi infrastrukturon kaj evoluigi sektorojn, kiuj estas esencaj por la ekonomia kresko. Tio inkludas investadojn en stratoj, pontoj, fervojoj, aerportoj, kaj telekomunikado. Ankaŭ, la registaro povas koncentriĝi sur evoluo de strategiaj industrioj kaj novaj teknologiaj sektoroj, kiuj havas potencialon krei laborokazojn kaj altigi produktadon.

La registaro ankaŭ ludas rolon en krei bonajn kondiĉojn por komerco kaj protektado de konsumantoj. Tio povas inkludi establon de konsumantoj protektantaj leĝoj kaj reguligoj, kies celo estas certigi la sekurecon kaj fidelon de produktoj kaj servoj. La registaro ankaŭ povas helpi la komercon tra kreditaj programoj, subvencioj, kaj ekonomiaj stimuloj, kiuj helpas komercajn entreprenojn kaj kreskigas la ekonomion.

Fine, la registaro povas krei kaj apliki politikojn por disvolvi kaj apogi homan kapitalon. Tio inkludas investadojn en edukadon, formadon, kaj sciencon, kiu altigas la kvalifikojn kaj kapablecojn de la laborforco. Ankaŭ, la registaro povas lanĉi laborpotencan programon, kiu helpas malpliavantaĝajn grupojn eniri la laboran forton kaj kontribui al la ekonomia kresko.

En konkludo, la registaro havas gravan rolon en stimulado de ekonomia kresko. Per favoraj komercaj politikoj, investado en infrastrukturon, protekto de konsumantoj, kaj evoluo de homa kapitalo, la registaro povas krei kondiĉojn por pliigado de produktiveco kaj progreso de la ekonomio. Tamen, sukcesa ekonomia kresko postulas ankaŭ efikan partoprenon de la privata sektoro kaj bonan ekonomian politikon.

By doing so, the government can create stimulating
conditions that enhance the economy's capacity to attract
investments and increase productivity.

Another important role of the government is to oversee
infrastructure and develop sectors that are essential for
economic growth. This includes investments in roads,
bridges, railways, airports, and telecommunications.
Additionally, the government can focus on the development
of strategic industries and emerging technological sectors
that have the potential to create jobs and boost production.

The government also plays a role in creating favorable
conditions for commerce and consumer protection. This
can include the establishment of consumer protection laws
and regulations aimed at ensuring the safety and
trustworthiness of products and services. The government
can also assist commerce through credit programs,
subsidies, and economic incentives that support
commercial enterprises and foster economic growth.

Lastly, the government can create and implement policies
to develop and support human capital. This includes
investments in education, training, and science that
enhance the qualifications and capabilities of the workforce.
Additionally, the government can launch labor-intensive
programs that help disadvantaged groups enter the labor
force and contribute to economic growth.

In conclusion, the government plays a significant role in
stimulating economic growth. Through favorable trade
policies, investment in infrastructure, consumer protection,
and human capital development, the government can
create conditions for increased productivity and progress in
the economy. However, successful economic growth also
requires effective participation from the private sector and
sound economic policies.

Nur tra kunlaboro inter la registaro, la privata sektoro, kaj aliaj interesataj partioj, oni povas atingi daŭran kaj sendifektiĝan ekonomian kreskon.

LA ETIKO DE BESTOPROVADO EN SCIENCA ESPLORADO

Bestoprovado estas temo, kiu suscitas multajn etikajn demandojn en scienca esplorado. Dum la praktiko de testado sur bestoj povas havi utilajn rezultojn por sciencaj avancoj, ĝi ankaŭ estas fonto de koncernoj pri la traktado kaj sufero de la bestoj. En ĉi tiu eseoj, ni esploros la etikajn aspektojn de bestoprovado en scienca esplorado.

Unu el la ĉefaj argumentoj en favoro de bestoprovado estas, ke ĝi ebligas sciencajn avancojn kaj malkovrojn, kiuj povas havi signifan utilon por homa sano kaj traktado de malsanoj. Bestoprovado povas helpi testi la efikecon kaj sekurecon de novaj medikamentoj, terapioj kaj teknologioj, kaj provizi esencajn informojn pri biologiaj procesoj kaj malsanoj. La rezultoj de tiuj testoj povas esti kritikaj por la avanco de medicino kaj scienca kompreno.

Tamen, bestoprovado ankaŭ prezentas etikajn demandojn pri la rajtoj kaj traktado de la bestoj, kiuj suferas dum la eksperimentoj. Multaj homoj argumentas, ke bestoj havas sian propran intrinsekan valoron kaj rajtojn, kiuj devas esti respektataj kaj protektataj. Ili kritikas, ke la sufero de bestoj en la nomo de sciencaj avancoj estas neetika kaj ke alternativaj metodaroj de testado, kiel in vitro kaj komputilaj modeloj, devus esti pli ampleksaj kaj antaŭenigataj.

La etiko de bestoprovado postulas, ke oni evitu aŭ minumu la suferon de bestoj kaj ke la testoj estu realigitaj nur, se ili estas vera neceso kaj ne ekzistas alternativaj metodaroj.

Only through collaboration between the government, the private sector, and other interested parties can sustained and inclusive economic growth be achieved.

THE ETHICS OF ANIMAL TESTING IN SCIENTIFIC RESEARCH

Animal testing is a subject that raises many ethical questions in scientific research. While the practice of testing on animals can yield valuable results for scientific advancements, it is also a source of concerns regarding the treatment and suffering of animals. In this essay, we will explore the ethical aspects of animal testing in scientific research.

One of the main arguments in favor of animal testing is that it enables scientific progress and discoveries that can have significant benefits for human health and disease treatment. Animal testing can help test the effectiveness and safety of new medications, therapies, and technologies, and provide essential information about biological processes and diseases. The results of these tests can be critical for the advancement of medicine and scientific understanding.

However, animal testing also presents ethical questions regarding the rights and treatment of the animals that suffer during the experiments. Many people argue that animals have their own intrinsic value and rights that should be respected and protected. They criticize that the suffering of animals in the name of scientific advancements is unethical and that alternative testing methods, such as in vitro and computer models, should be more extensively explored and promoted.

Oni ankaŭ postulas, ke la bestoj estu traktataj kun respekto kaj ke la eksperimentoj estu realigitaj laŭ striktaj etikaj normoj kaj reguligoj. Ekzistas ankaŭ konsideroj pri la uzo de bestoj en esplorado post la testoj, kiel la eventuala adoptado de vivrezervadoj aŭ adaptado de novaj normoj pri bestoprotekto.

En konkludo, la etiko de bestoprovado en scienca esplorado estas kompleksa kaj diskutebla temo. Dum bestoprovado povas havi utilajn rezultojn por sciencaj avancoj, oni devas konsideri la rajtojn kaj suferon de la bestoj. La etika agado postulas, ke oni serĉu alternativajn metodarojn, evitu aŭ minumu suferon kaj respektu la rajtojn de la bestoj. Nur per zorga konsiderado de la etikaj aspektoj ni povas pliigi la sciencajn avancojn sen kompromisi la bonfarecon de la bestoj.

LA INFLUO DE POPKULTURO SUR LA SOCIETO

Popkulturo havas grandan influon sur la societo en nia moderna mondo. En ĉi tiu esejo, ni esploros la diversajn manierojn, en kiuj popkulturo influas niajn valorojn, kondutojn, kaj sociajn interagojn.

Unu el la plej evidaj manieroj, en kiuj popkulturo influas la societon, estas tra la mediano. Filmoj, televidserioj, muziko, kaj literaturo estas ĉiutagaj aspektoj de la popkulturo, kiuj ofte formos niajn preferojn kaj komprenon pri la mondo. Ili povas influi niajn vidpunktojn, ideojn, kaj kulturan identecon.

The ethics of animal testing demand that suffering of animals be avoided or minimized and that tests be conducted only if they are truly necessary and no alternative methods exist. It also requires that animals be treated with respect and that experiments be conducted according to strict ethical norms and regulations. There are also considerations regarding the use of animals in research after the tests, such as the potential adoption of animal sanctuaries or the development of new animal protection standards.

In conclusion, the ethics of animal testing in scientific research is a complex and debatable topic. While animal testing can yield valuable results for scientific advancements, one must consider the rights and suffering of animals. Ethical conduct demands the search for alternative methods, the avoidance or minimization of suffering, and the respect for the rights of animals. Only through careful consideration of the ethical aspects can we enhance scientific advancements without compromising the welfare of animals.

THE INFLUENCE OF POP CULTURE ON SOCIETY

Pop culture has a significant influence on society in our modern world. In this essay, we will explore the various ways in which pop culture influences our values, behaviors, and social interactions.

One of the most obvious ways in which pop culture influences society is through the media. Movies, TV series, music, and literature are everyday aspects of pop culture that often shape our preferences and understanding of the world. They can influence our perspectives, ideas, and cultural identity.

Ekzemple, popmuziko povas difuzi sociajn kaj politikajn mesaĝojn kaj krei movadojn aŭ influojn, kiuj ŝanĝas la socian klimaton.

Popkulturo ankaŭ havas potencon en formado de normoj kaj tendaroj. Tio povas esti vidadigitaj en modo kaj stilo, kie famuloj, aktoroj, kaj modeloj difinas la ĝeneralan imagon kaj estetikon de sociaj grupoj. La sekso, la raso, kaj la klaso povas esti prezentitaj per la popkulturo kaj influi la manieron, kiel homoj vidigas sin kaj aliajn. Dum tio povas havi pozitivajn efikojn en akceptado kaj diversaĵo, ĝi ankaŭ povas kaŭzi stereotipojn kaj negativajn vidpunktojn.

Plia aspekto de la influo de popkulturo estas ĝia kapablo formi subkulturojn kaj komunumojn. Grupiĝoj baziĝantaj sur komunaj interesoj, kiel fanaroj de filmaj serioj aŭ videoludoj, povas krei sociajn retojn kaj interrilatiĝojn. Ili ofte havas sian propran identecon, jargonon, kaj valorojn, kiuj distingas ilin de la ĝenerala societo. Tiaj subkulturoj povas doni senton de apartenado kaj komunumo, sed ankaŭ povas rezultigi ekskluzion kaj ekscesojn.

Tamen, estas grave noti, ke la influo de popkulturo ne estas unudirekta aŭ senkondiĉa. La socia kunteksto kaj individuaj spertoj povas modifi kaj interpretti la influon de popkulturo laŭ propraj manieroj. Homoj povas elekti kaj interpreti popkulturan enhavon laŭ siaj propraj valoroj kaj preferoj.

En konkludo, la influo de popkulturo sur la societo estas vasta kaj multfaceta. Ĝi povas influi niajn valorojn, kondutojn, kaj sociajn interagojn tra la mediano, normoj kaj tendaroj, kaj la formado de subkulturoj. Tamen, estas gravaj konsideroj pri la kritika penso kaj individua interpreto, por eviti negativajn efikojn kaj konservi nian individuan kaj kulturan identecon.

For example, pop music can disseminate social and political messages and create movements or influences that change the social climate.

Pop culture also has the power to shape norms and trends. This can be seen in fashion and style, where celebrities, actors, and models define the general image and aesthetics of social groups. Gender, race, and class can be portrayed through pop culture and influence the way people perceive themselves and others. While this can have positive effects in terms of acceptance and diversity, it can also lead to stereotypes and negative perspectives.

Another aspect of the influence of pop culture is its ability to shape subcultures and communities. Groups based on common interests, such as fans of TV series or video games, can create social networks and connections. They often have their own identity, jargon, and values that distinguish them from the general society. Such subcultures can provide a sense of belonging and community, but they can also result in exclusion and excesses.

However, it is important to note that the influence of pop culture is not one-directional or unconditional. The social context and individual experiences can modify and interpret the influence of pop culture in their own ways. People can choose and interpret pop culture content according to their own values and preferences.

In conclusion, the influence of pop culture on society is vast and multifaceted. It can influence our values, behaviors, and social interactions through the media, norms and trends, and the formation of subcultures. However, critical thinking and individual interpretation are crucial considerations to avoid negative effects and preserve our individual and cultural identities.

LA AVANTAĜOJ DE VOJAĜADO KAJ EXPERIENCADO DE DIVERSAJ KULTUROJ

Vojaĝado kaj la sperto de diversaj kulturoj estas grava parto de nia vivado kaj povas havi multajn beneficojn. En ĉi tiu esejo, ni esploros la avantaĝojn de vojaĝado kaj la sperto de malsamaj kulturoj.

Unu el la plej gravaj avantaĝoj estas la ŝanĝo de vidpunkto. Kiam ni renkontas novajn kulturojn, ni ekposedas al aliaj manieroj de pensado, vivado, kaj vidado de la mondo. Tio helpas nin pli bone kompreni kaj aprezi la diverson kaj kompleksecon de la homaro. Ni povas lerni novajn valorojn, konsciojn, kaj perspektivojn, kaj tio malfermas niajn okulojn al novaj eblecoj kaj ideoj.

Vojaĝado ankaŭ permesas al ni enkondukiĝi en aliajn lingvojn kaj kulturojn. Kiam ni interagas kun fremdaj homoj, ni povas lerni ilian lingvon, manierojn, kaj kutimojn. Tio ne nur pligrandigas nian scion pri la mondo, sed ankaŭ faciligas la interkomprenon kaj komunikadon kun homoj el diversaj kulturoj. Vojaĝado estas vera lernejo sen muroj, kie ni povas disvastiĝi kiel individuoj kaj evoluigi nian komprenon pri la mondo.

Alia avantaĝo estas la sperto de novaj gustoj, manĝaĵoj, kaj tradicioj. Ĉiuj kulturoj havas siajn proprajn kulinrajtojn kaj manĝaĵajn specialaĵojn, kiuj povas esti sensacia sperto por niaj gustosencoj. Ni povas gustumi kaj diveni la rikoltojn de fremdaj teroj, kaj per tio ni pliriĉiĝas en nia sperto kaj aprezo de la diverseco de la kuirarto.

THE BENEFITS OF TRAVELING AND EXPERIENCING DIFFERENT CULTURES

Traveling and experiencing different cultures are important parts of our lives and can have many benefits. In this essay, we will explore the advantages of traveling and experiencing diverse cultures.

One of the most significant benefits is a change in perspective. When we encounter new cultures, we are exposed to different ways of thinking, living, and seeing the world. This helps us better understand and appreciate the diversity and complexity of humanity. We can learn new values, consciousness, and perspectives, and it opens our eyes to new possibilities and ideas.

Traveling also allows us to immerse ourselves in other languages and cultures. When we interact with people from different countries, we can learn their language, manners, and customs. This not only expands our knowledge of the world but also facilitates understanding and communication with people from diverse cultures. Traveling is a true school without walls, where we can broaden ourselves as individuals and develop our understanding of the world.

Another benefit is the experience of new tastes, foods, and traditions. Every culture has its own culinary rights and food specialties, which can be a sensory experience for our taste buds. We can taste and discover the harvests of foreign lands, enriching our experience and appreciation of the diversity of cuisine.

Vojaĝado ankaŭ povas esti spertigo de spiritaj, historiaj, kaj artistaj trezoroj. Kulturoj portas sian propran historion, arton, kaj religiojn, kiuj povas esti miregindaj kaj inspiraj por ni. Ni povas viziti antikvajn monumentojn, muzeojn, kaj religiajn lokojn, kaj per tio ni povas pli bone kompreni la pasintajn kaj nunaĝajn evoluojn de la homaro.

Fine, vojaĝado kaj la sperto de malsamaj kulturoj povas kontribui al nia persona kreskado kaj evoluo. Ni iĝas pli fleksaj, toleremaj, kaj kompetentaj en la interkultura komunikado. Ni maturiĝas kaj disvolviĝas kiel homoj, kaj nia perspektivo pri la mondo kreskas.

En konkludo, vojaĝado kaj la sperto de malsamaj kulturoj estas ekscitaj kaj riĉaj spertoj, kiuj alportas multajn beneficojn. Ili ne nur enspezas al ni novajn sciojn kaj komprenon, sed ankaŭ malfermas niajn korpojn kaj animojn al la belego kaj diverseco de nia mondo.

LA INFLUON DE VIDEOLUDOJ SUR LA KONDUTO DE LA JUNULARO

Videoludoj estas unu el la plej popularaj kaj disvastiĝintaj formoj de amuzo kaj distraĵo inter la junularo. Tamen, temas pri temo, kiu estis diskutata kaj analizita en diversaj kontekstoj pro sia potenciala influo sur la konduto de la junularo. En ĉi tiu esejo, ni eksploros la efektojn de videoludoj sur la konduto de la junularo.

Unu el la plej notaj aspektoj de videoludoj estas ilia kapablo influi la emociajn reakciojn kaj sintenon de la ludantoj. Kelkaj ludoj povas kaŭzi sentojn de ekscito, avideco aŭ eĉ kolero. Tio povas esti signifa, ĉar emocioj povas influi konduton kaj agadon. Tamen, estas grave noti, ke la respondoj kaj reakcioj al videoludoj estas individuaj kaj povas varii inter diversaj ludantoj.

Traveling can also be an exploration of spiritual, historical, and artistic treasures. Cultures carry their own history, art, and religions, which can be awe-inspiring and inspiring for us. We can visit ancient monuments, museums, and religious sites, and through this, we can better understand the past and present developments of humanity.

Lastly, traveling and experiencing different cultures can contribute to our personal growth and evolution. We become more flexible, tolerant, and competent in intercultural communication. We mature and develop as individuals, and our perspective on the world expands.

In conclusion, traveling and experiencing different cultures are exciting and enriching experiences that bring many benefits. They not only earn us new knowledge and understanding but also open our bodies and souls to the beauty and diversity of our world.

THE IMPACT OF VIDEO GAMES ON YOUTH BEHAVIOR

Video games are one of the most popular and widespread forms of entertainment among young people. However, it is a topic that has been discussed and analyzed in various contexts due to its potential influence on youth behavior. In this essay, we will explore the effects of video games on youth behavior.

One of the most notable aspects of video games is their ability to influence the emotional reactions and mood of the players. Some games can evoke feelings of excitement, greed, or even anger. This can be significant, as emotions can influence behavior and actions. However, it is important to note that responses and reactions to video games are individual and can vary among different players.

Ekzistas ankaŭ la kritiko, ke videoludoj povas kontribui al pli malaktiva stilo de vivado inter la junularo. Tio estas ĉefe pro la sedomo, kiun videoludoj povas kaŭzi, kaj la tendenco pasigi multe da tempo sidadante antaŭ ekrano. Tamen, estas gravaj konsideroj pri la individua uzo de videoludoj kaj la plena bildo de la junula sperto. Videoludoj povas esti lerta kaj eduka ilo, kaj multaj ludoj postulas strategian pensadon kaj kritikan kapablon.

Ekzistas ankaŭ la argumento, ke videoludoj povas havi pozitivan influon sur la junularan kognadon kaj kapablojn. Kelkaj ludoj, kiel ekzemple puzloj aŭ strategiaj ludoj, povas helpi disvolvi kritikan pensadon, problemlumon, kaj koopestradon. Aliaj ludoj povas esti lerta ilo por lerni lingvojn, sciencon, aŭ historion. La ludoj ankaŭ povas esti sociaj per sia kapablo kunigi amikojn kaj ludi kun ili enreta aŭ eksterrete.

Grava aspekto pri la efekto de videoludoj estas la rolo de la familio kaj edukistoj en la moderado kaj interpretado de videoludoj. Komunikado kaj edukado pri la sekureco, la temoj, kaj la uzado de videoludoj estas esencaj por helpi al la junularo fari sanajn kaj pravajn elektojn.

En konkludo, la efekto de videoludoj sur la konduto de la junularo estas kompleksa kaj varia. Ili povas influi emociojn, konduton, kaj kognadon. Tamen, la individua uzo de videoludoj kaj la rolado de familio kaj edukado estas esencaj faktoroj por sekura kaj sana sperto.

There is also criticism that video games can contribute to a more sedentary lifestyle among young people. This is primarily due to the sedentary nature of video games and the tendency to spend a lot of time sitting in front of a screen. However, there are important considerations regarding the individual use of video games and the full picture of the youth experience. Video games can be a skillful and educational tool, and many games require strategic thinking and critical abilities.

There is also the argument that video games can have a positive influence on youth cognition and skills. Some games, such as puzzles or strategy games, can help develop critical thinking, problem-solving, and cooperation. Other games can be a useful tool for learning languages, science, or history. Games can also be social, as they have the ability to bring friends together and play online or offline.

An important aspect of the impact of video games is the role of the family and educators in moderating and interpreting video games. Communication and education about safety, themes, and usage of video games are essential to help young people make healthy and appropriate choices.

In conclusion, the impact of video games on youth behavior is complex and varied. They can influence emotions, behavior, and cognition. However, individual use of video games and the role of family and education are crucial factors for a safe and healthy experience.

LA ROLO DE ETIKO EN NEGOCO KAJ SOCIA RESPONDECO DE KORPORACIOJ

Etiko kaj socia respondeco estas fundamentaj principoj, kiuj devas gvidi la agadon de negocoj kaj korporacioj. En ĉi tiu esejo, ni esploros la rolon de etiko en negoco kaj la koncepton de socia respondeco de korporacioj.

Unu el la ĉefaj aspektoj de etiko en negoco estas la respekto de la leĝoj kaj reguligoj. Negocoj devas agi en konsento kun la leĝaj normoj kaj reguligoj de la landoj, en kiuj ili funkcias. Tio inkluzivas la respekton de la konsumantoj, la laborrajtoj, kaj la medio. Estas esenca, ke negocoj agu honeste kaj integre, sen trompo aŭ malĝusta informado.

Socia respondeco de korporacioj implicas pli ol nur la respekton de leĝoj. Ĝi rilatas al la dediĉo de korporacioj por agi en maniero, kiu kontribuas al la socio kaj la medio. Ekzistas pluraj aspektoj de socia respondeco, kiel ekzemple la zorgado pri la laboristoj, la etiko en la produktado kaj vendo, kaj la dediĉo al la daŭra kaj respondeca uzado de rimedoj.

La etiko en negoco ankaŭ implikas la evoluon de internaj etikaj normoj kaj reguligoj. Negocoj devas krei kaj implementi internajn etikajn kodeksojn, kiuj gvidas la konduton de la personaro kaj establajras klarajn direktojn pri kio estas ĝusta kaj neĝusta en la negoca medio. Tiuj kodeksoj ankaŭ povas inkludi direkton pri konflikto de intereso kaj la evitu de korupto.

THE ROLE OF ETHICS IN BUSINESS AND CORPORATE SOCIAL RESPONSIBILITY

Ethics and corporate social responsibility are fundamental principles that should guide the actions of businesses and corporations. In this essay, we will explore the role of ethics in business and the concept of corporate social responsibility.

One of the key aspects of ethics in business is the respect for laws and regulations. Businesses must act in accordance with the legal norms and regulations of the countries in which they operate. This includes respecting consumer rights, labor rights, and the environment. It is essential for businesses to act honestly and with integrity, without deception or misinformation.

Corporate social responsibility goes beyond merely respecting laws. It relates to the dedication of corporations to act in a manner that contributes to society and the environment. There are several aspects of social responsibility, such as caring for employees, ethics in production and sales, and a commitment to sustainable and responsible resource use.

Ethics in business also involves the development of internal ethical norms and regulations. Businesses must create and implement internal ethical codes that guide the conduct of personnel and establish clear directions on what is right and wrong in the business environment. These codes may also include guidance on conflict of interest and the prevention of corruption.

La etika konduto de negocoj ne nur havas valoron por la negoco mem, sed ankaŭ por la socio kaj la medio. Etikaj negocoj kontribuas al la kreado de fidindaj rilatoj kun klientoj kaj konsumantoj, kaj ili povas esti konsiderataj kiel partoprenantoj en la disvolviĝo de la socio. Ili povas ankaŭ havi pozitivan efikon sur la medion per la daŭra uzado de rimedoj kaj la redukto de negativa influo.

En konkludo, etiko en negoco kaj socia respondeco de korporacioj estas esencaj por la kreado de sana kaj etika negoca medio. La respekto de leĝoj, la socia respondeco, kaj la evoluo de internaj etikaj normoj estas ĉiuj kritikaj aspektoj de etika konduto en la negoco mondo. Per agado en etika kaj responda maniero, negocoj povas kontribui al la disvolviĝo de sociaj kaj medioaj valoroj kaj al la pli bona estonteco de la socio.

LA AVANTAĜOJ KAJ MALAVANTAĜOJ DE RETA EDUKADO

Reta edukado estas fenomeno, kiu estas pli kaj pli populara en la nuntempa mondo. Ĝi prezentas novajn eblecojn por lernado kaj instruado, sed ĝi ankaŭ havas siajn proprajn konsiderindajn aspektojn. En ĉi tiu esejo, ni esploros la avantaĝojn kaj malavantaĝojn de reta edukado.

Unu el la plej signifaj avantaĝoj de reta edukado estas ĝia fleksebleco kaj alirebleco. Lernantoj povas partopreni kursojn kaj ricevi edukadon sen devi esti fizike en lernejo aŭ universitato. Tio permesas al ili studi laŭ sia propra tempo kaj tempozone, kaj ebligas lernadon malgraŭ geografiaj limigoj. Ankaŭ la nombro de kursoj kaj programoj, kiuj estas haveblaj rete, estas tre ampleksa.

The ethical conduct of businesses not only has value for the business itself but also for society and the environment. Ethical businesses contribute to the establishment of trustworthy relationships with customers and consumers, and they can be considered as stakeholders in the development of society. They can also have a positive impact on the environment through the sustainable use of resources and the reduction of negative influence.

In conclusion, ethics in business and corporate social responsibility are essential for the creation of a healthy and ethical business environment. Respect for laws, social responsibility, and the evolution of internal ethical norms are all critical aspects of ethical conduct in the business world. By acting in an ethical and responsible manner, businesses can contribute to the development of social and environmental values and to a better future for society.

THE PROS AND CONS OF ONLINE EDUCATION

Online education is a phenomenon that is becoming increasingly popular in the modern world. It offers new possibilities for learning and teaching, but it also has its own noteworthy aspects. In this essay, we will explore the advantages and disadvantages of online education.

One of the most significant advantages of online education is its flexibility and accessibility. Learners can participate in courses and receive education without needing to be physically present in a school or university. This allows them to study at their own pace and in their own time zone, enabling learning despite geographical limitations. Additionally, the number of courses and programs available online is very extensive.

Alia avantaĝo de reta edukado estas la ebleco de individua instruo kaj adaptado al personaj lernstiloj kaj necesoj. Lernantoj povas studi laŭ sia propra rapideco kaj fokusigi sin sur temojn, kiuj estas plej gravaj por ili. Ili ankaŭ havas pli bonan eblecon kontakti kaj interagi kun instruistoj kaj aliaj lernantoj tra retaj platformoj kaj komunumoj.

Tamen, ekzistas ankaŭ kelkaj malavantaĝoj de reta edukado. Unu el ili estas la manko de fizika interago kaj persona kontakto kun instruistoj kaj samklasanoj. Interpersonaj rilatoj kaj kune lernado povas esti pli malfacilaj rete, kaj tio povas influi la sperton de lernantoj. Ankaŭ la memdisciplino kaj memorganizado estas esencaj por sukcesa lernado rete, kaj tio povas esti defia por iuj lernantoj.

Alia malavantaĝo estas la eblo de teknikaj problemoj kaj malfunkcioj. Konexio al interreto, komputilaj problemoj, aŭ problemoj kun la e-lernplatformo povas malhelpi aŭ difekti la lernadon. Tio postulas lernantojn esti kapablaj solvi teknikajn problemojn aŭ provizi alternativajn rimedojn por plenumi siajn lernajn taskojn.

En konkludo, reta edukado prezentas multajn avantaĝojn, inkluzive de fleksebleco, alirebleco, kaj individua instruo. Tamen, ĝi ankaŭ havas kelkajn malavantaĝojn, kiel la manko de fizika interago kaj la eblo de teknikaj problemoj. Estas grave konsideri la bezonojn kaj preferojn de lernantoj por decidi, ĉu reta edukado estas taŭga por ili aŭ ne.

Another advantage of online education is the possibility of individual instruction and adaptation to personal learning styles and needs. Learners can study at their own pace and focus on topics that are most important to them. They also have better opportunities to contact and interact with instructors and other learners through online platforms and communities.

However, there are also some disadvantages of online education. One of them is the lack of physical interaction and personal contact with instructors and classmates. Interpersonal relationships and collaborative learning can be more challenging online, and this can affect the learner's experience. Additionally, self-discipline and self-organization are essential for successful online learning, and this can be challenging for some learners.

Another disadvantage is the possibility of technical problems and malfunctions. Internet connection issues, computer problems, or issues with the e-learning platform can hinder or disrupt learning. This requires learners to be capable of solving technical problems or providing alternative means to fulfill their learning tasks.

In conclusion, online education offers many advantages, including flexibility, accessibility, and individual instruction. However, it also has some disadvantages, such as the lack of physical interaction and the possibility of technical problems. It is important to consider the needs and preferences of learners to decide whether online education is suitable for them or not.

LA SIGNIFO DE KONSCIO KAJ SUBTENO PRI MENSO-SANAĴO

La menso-sana estas kritika aspekto de nia tuta boneco kaj bonstato. Tamen, dum multaj homoj komprenas la gravecon de fizika sano, la menso-sana ankoraŭ estas temo, kiu ofte estas pasita preter. En ĉi tiu esejo, ni esploros la signifon de menso-sana konscio kaj subteno.

La konscio pri menso-sana signifas esti konscia pri sia propra menso-sano kaj esti sensacia pri la menso-sanaj bezonoj de aliaj homoj. Tio inkluzivas la konstaton de emociaj malsanoj, kiel ekzemple depresio, angoro, kaj streĉo, kaj serĉon de helpo kiam estas necese. Konscio pri menso-sana ankaŭ signifas kompreni kaj eviti menso-sanan stigmatigon, kaj promocii sanan menso-sanan medio.

La subteno pri menso-sana estas esenca por tiuj, kiuj spertas menso-sanan malsanon. Ĝi inkluzivas disponigadon de saniga rimedo, kiel ekzemple profesia konsultado kaj terapio. Subteno pri menso-sana ankaŭ povas esti nura aŭskultado kaj kompreno de aliaj homoj. Ĝi estas konscio pri la bezono de senŝajnegeco, respekto, kaj empatio por tiuj, kiuj spertas menso-sanan malsanon.

La konscio kaj subteno pri menso-sana estas gravaj ĉar ili helpas redukti menso-sanan stigmatigon kaj plibonigi la vivon de homoj kun menso-sanan malsano. Ili helpas krei komunumo, kiu estas pli komprenema kaj subtenema, kaj kiu valoras la menso-sanan bonstaton kiel integran parton de la tuta boneco.

THE IMPORTANCE OF MENTAL HEALTH AWARENESS AND SUPPORT

Mental health is a critical aspect of our overall well-being and state of being. However, while many people understand the importance of physical health, mental health is often a topic that is overlooked. In this essay, we will explore the significance of mental health awareness and support.

Mental health awareness means being aware of one's own mental health and being mindful of the mental health needs of others. This includes recognizing emotional disorders such as depression, anxiety, and stress, and seeking help when necessary. Mental health awareness also means understanding and avoiding mental health stigma and promoting a healthy mental health environment.

Support for mental health is crucial for those experiencing mental illness. It includes providing healing resources, such as professional counseling and therapy. Support for mental health can also be as simple as listening and understanding others. It involves recognizing the need for sensitivity, respect, and empathy for those experiencing mental health issues.

Mental health awareness and support are important because they help reduce mental health stigma and improve the lives of people with mental illness. They help create a community that is more understanding and supportive, valuing mental health as an integral part of overall well-being.

Estas pluraj manieroj, per kiuj ni povas plibonigi konscion kaj subtenon pri menso-sano en niaj komunumoj. Tio inkluzivas paroli malferme pri menso-sano, disvastigi informon pri menso-sana bonstato, kaj disponigi resursojn por helpi homojn kun menso-sana malsano. Ankaŭ ni devas labori por eviti menso-sanan stigmatigon kaj krei inkluzivan kaj subteneman medio por ĉiuj homoj.

En konkludo, la konscio kaj subteno pri menso-sanaĵo estas esencaj por nia tuta bonstato kaj feliĉo. Kiam ni komprenas kaj subtenas la menso-sanan bonstaton, ni kreas pli kompreneman kaj subteneman socion. Nur per kune laborante ni povas disvastigi la konscion pri menso-sano kaj plibonigi la vivon de homoj kun menso-sanan malsano.

LA ESTONTECO DE KOSMOSA ESPLORADO KAJ KOLONIZADO

La kosmosa esplorado kaj kolonizado estas temo, kiu daŭre kaptas la imagon kaj inspiras homojn el ĉirkaŭ la tuta mondo. Ĝi montras al ni ne nur la ekscitantajn sciencajn kaj teknologiajn avantaĝojn, sed ankaŭ la vastajn eblecojn por la homa raso en la estonteco. En ĉi tiu esejo, ni ekzamenos la estontecan direkton de kosmosa esplorado kaj kolonizado.

Unu el la plej signifaj aspektoj de la estonteco de kosmosa esplorado estas la esplorado de aliaj planedoj kaj aŭsterejoj. Per sendado de sondoj kaj spacoŝipoj, ni povas malkovri pli multe pri la komponaĵo kaj trajtoj de aliaj planedoj, kiel ekzemple Marso kaj eble ankaŭ ekster-Suno planedoj. Tio povas esti klavfaktoro en la serĉo de ekzistado de ekstertera vivo kaj eble eĉ en la evoluo de homa kolonizado.

There are several ways in which we can improve mental health awareness and support in our communities. This includes openly discussing mental health, spreading information about mental health well-being, and providing resources to help people with mental health issues. We must also work to avoid mental health stigma and create an inclusive and supportive environment for all individuals.

In conclusion, mental health awareness and support are essential for our overall well-being and happiness. When we understand and support mental health well-being, we create a more understanding and supportive society. Only through collaborative efforts can we spread awareness about mental health and improve the lives of people with mental illness.

THE FUTURE OF SPACE EXPLORATION AND COLONIZATION

Space exploration and colonization is a topic that continues to capture the imagination and inspire people from around the world. It shows us not only the exciting scientific and technological advancements but also the vast possibilities for the human race in the future. In this essay, we will examine the future direction of space exploration and colonization.

One of the most significant aspects of the future of space exploration is the exploration of other planets and celestial bodies. By sending probes and spacecraft, we can discover more about the composition and features of other planets, such as Mars and potentially even exoplanets. This can be a key factor in the search for extraterrestrial life and possibly even in the evolution of human colonization.

Paralele kun la esplorado, la estonteco de kosmosa kolonizado ankaŭ ofertas multajn eblecojn. La kolonizado de aliaj planedoj kaj lunarejoj povas solvi multajn problemojn, kiujn la homa raso enfrontas, kiel ekzemple la surpopulado kaj la elĉerpado de resursoj sur la Tero. Kolonioj en la kosmo povas esti sendependaj kaj provizi novajn vivmedion, energion kaj eĉ eble helpon por la tera ekosistemo.

Tamen, la estonteco de kosmosa esplorado kaj kolonizado ankaŭ prezentas multajn defiojn kaj demandojn. Unu el ili estas la teknologia aspekto de spacona veturado kaj vivadado. Estas necese evolui pli avancajn teknologiojn kaj spaconajn veturilojn por efikege transiri grandajn distancojn kaj subteni la vivon en aliaj kosmosaj medioj. Ankaŭ necesas solvi problemojn, kiel ekzemple la protekto de homoj kontraŭ kosmika radiado kaj la konservo de aero, akvo kaj manĝaĵo.

Ekzistas ankaŭ etikaj kaj moraj demandoj pri kosmosa kolonizado. Kiel ni devas trakti la naturajn mediojn kaj la eblecojn de ekzistado de ekstertera vivo? Kiel ni povas eviti antaŭjuĝojn kaj maljustecon en la koloniaj sociaj strukturoj? Tio estas tre gravaj demandoj, kiujn ni devas pripensi kaj solvi en la proceso de kosmosa kolonizado.

En konkludo, la estonteco de kosmosa esplorado kaj kolonizado promesas ekscitantajn avantaĝojn kaj novajn eblecojn por la homa raso. Tamen, ĝi ankaŭ prezentas grandajn defiojn kaj demandojn, kiujn ni devas pripensi kaj solvi. Nur per serioza kaj etika aliro, ni povas atingi la plenpotencon de kosmosa esplorado kaj kolonizado kaj sekure bavigi nin al nova erao de homa eltrovado kaj evoluo.

Parallel to exploration, the future of space colonization also offers many opportunities. Colonizing other planets and lunar habitats can solve many problems faced by the human race, such as overpopulation and the depletion of resources on Earth. Colonies in space can be self-sufficient and provide new living environments, energy, and potentially even assistance for the Earth's ecosystem.

However, the future of space exploration and colonization also presents many challenges and questions. One of them is the technological aspect of space travel and habitation. Advancements in technology and spacecraft are necessary to effectively traverse long distances and sustain life in different space environments. Issues such as protection against cosmic radiation and the conservation of air, water, and food also need to be addressed.

There are also ethical and moral questions regarding space colonization. How should we treat natural environments and the potential for extraterrestrial life? How can we avoid biases and injustice in colonial social structures? These are important questions that we need to consider and solve in the process of space colonization.

In conclusion, the future of space exploration and colonization promises exciting advantages and new possibilities for the human race. However, it also presents significant challenges and questions that we must ponder and solve. Only through a serious and ethical approach can we reach the full potential of space exploration and colonization and safely navigate ourselves into a new era of human discovery and evolution.

LA EFECTOJ DE MONDA MALRIĈECO KAJ MALSAMECO

La mondo estas hejmo por miliardoj da homoj, kaj tamen, tro multaj da ili vivas en malriĉeco kaj malsameco. En ĉi tiu esejo, ni esploros la efikojn de monda malriĉeco kaj malsameco.

Unu el la plej gravaj efikoj estas la malegaleco de vivkondiĉoj. En multaj partoj de la mondo, homoj vivas sen sufiĉa manĝaĵo, trinkebla akvo, adegaj sanitaraj instaladoj, kaj loĝado. Tiuj bazaj necesoj estas ontaj por vivdigna ekzistado, sed multaj homoj suferas pro la manko de ili. Tio kontribuas al la ciklo de malriĉeco kaj malsano, kiu povas esti malfacile rompebla.

Globala malriĉeco ankaŭ kaŭzas grandajn sociajn kaj ekonomiajn malsamecojn. La riĉaj landoj kaj la malriĉaj landoj ne havas egalajn eblecojn kaj rimedojn por progresi. Tio kreas grandajn malsamecojn en riĉeco, edukado, sanstato, kaj aliro al ŝancoj. La maljusta distribuo de resursoj kaj eblecoj kreas barojn por progreso kaj pligrandigas la disigron inter riĉaj kaj malriĉaj.

La efikoj de globala malriĉeco kaj malsameco estas multflankaj. Ili influas la vivon kaj bonstaton de homoj, komunumoj, kaj eĉ la tuta mondosceno. La manko de ebloj kaj resursoj limigas la potencialon de homoj por plenumi siajn dezirojn kaj kontribui al la socio. La malsameco en sanstato kaj edukado prenas al homoj la ŝancojn por progresi kaj plibonigi siajn vivon.

Sed ni povas agi por ameliori la situacion. Ĝi postulas interkonsenton kaj kunlaboron inter nacioj, organizaĵoj, kaj individuoj. Ni povas helpi per donado de mono, provizado de edukaj ŝancoj, kaj subtenado de programoj por plibonigi vivkondiĉojn. Ankaŭ estas grave senpartieco kaj malŝatado.

THE EFFECTS OF GLOBAL POVERTY AND INEQUALITY

The world is home to billions of people, and yet, too many of them live in poverty and inequality. In this essay, we will explore the effects of global poverty and inequality.

One of the most significant effects is the inequality of living conditions. In many parts of the world, people live without sufficient food, clean drinking water, adequate sanitation facilities, and housing. These basic necessities are essential for a dignified existence, but many people suffer due to their lack. This contributes to the cycle of poverty and ill-health, which can be challenging to break.

Global poverty also causes significant social and economic disparities. Rich and poor countries do not have equal opportunities and resources for progress. This creates large disparities in wealth, education, health, and access to opportunities. The unjust distribution of resources and opportunities creates barriers to progress and widens the gap between the rich and the poor.

The effects of global poverty and inequality are multifaceted. They impact the lives and well-being of individuals, communities, and even the global stage. The lack of opportunities and resources limits the potential of people to fulfill their aspirations and contribute to society. The inequality in health and education deprives people of the chances to progress and improve their lives.

But we can take action to improve the situation. It requires consensus and collaboration among nations, organizations, and individuals. We can help by donating money, providing educational opportunities, and supporting programs to improve living conditions. It is also essential to fight against indifference and disdain.

Ni devas batali kontraŭ maljusteco kaj pretigi al ĉiu homo la samajn ŝancojn kaj rajtojn.

En konkludo, monda malriĉeco kaj malsameco havas profundajn efikojn sur homojn kaj sociojn tutmonde. Ni devas labori kune por establi pli justan kaj egalitran mondon. Nur per solidareco kaj komuna ago ni povas disvastigi prosperon kaj plenumi la potencialon de ĉiuj homoj.

LA EŬROPANA UNIO KAJ LA ESTONTECO DE LA PROJEKTO

La Eŭropa Unio estas unika projekto, kiu celas kunigi la diversajn naciojn kaj popolojn de Eŭropo sur bazo de komuna intereso kaj valoroj. Ĝia celo estas krei pacon, stabilecon, kaj prosperon en la regiono. En ĉi tiu esejo, ni esploros la estontecon de la Eŭropa Unio kaj kiel ĝi povas evolui en la venontaj jaroj.

Unu el la gravaj aspektoj de la estonteco de la Eŭropa Unio estas ĝia kresko kaj ekspansio. Kun la alveno de novaj membroŝtatoj, kiel ekzemple Kroatio kaj eble eĉ aliaj Balkanaj landoj, la Eŭropa Unio povas plibonigi kaj plilongigi sian influon en la regiono. Tio kreas pli grandan eblon por kunlaboro, kresko, kaj stabileco en Eŭropo.

Alia aspekto estas la pligrandigo de la rilatoj kaj komerco kun aliaj partoj de la mondo. La Eŭropa Unio povas plifortigi siajn ekonomiajn kaj politikajn ligojn kun aliaj regionoj, kiel ekzemple Azio, Afriko, kaj Ameriko. Tio povas krei novajn komercajn kaj politikajn oportunojn, kiuj povas profiti ĉiujn membrojn de la Eŭropa Unio.

We must combat injustice and ensure that every person has equal opportunities and rights.

In conclusion, global poverty and inequality have profound effects on people and societies worldwide. We must work together to establish a fairer and more egalitarian world. Only through solidarity and collective action can we spread prosperity and fulfill the potential of all people.

THE EUROPEAN UNION AND THE FUTURE OF THE PROJECT

The European Union is a unique project aimed at uniting the diverse nations and peoples of Europe based on common interests and values. Its goal is to create peace, stability, and prosperity in the region. In this essay, we will explore the future of the European Union and how it can evolve in the coming years.

One of the significant aspects of the future of the European Union is its growth and expansion. With the arrival of new member states, such as Croatia and possibly other Balkan countries, the European Union can enhance and extend its influence in the region. This creates greater potential for collaboration, growth, and stability in Europe.

Another aspect is the deepening of relations and trade with other parts of the world. The European Union can strengthen its economic and political ties with other regions, such as Asia, Africa, and America. This can create new commercial and political opportunities that can benefit all members of the European Union.

La estonteco de la Eŭropa Unio ankaŭ dependas de ties interna politika situacio. La EU devas daŭre labori por plibonigi sian funkciadon, inkluzive de reformoj en sia administrado, financaj politikoj, kaj la konsolidaĵo de la politika unueco. Ankaŭ estas gravega esti pli proksima al la bezonoj kaj interesoj de la popoloj en la Eŭropa Unio, por ke ĝi efektive povu funkcii kiel konscia unio de diversaj ŝtatoj.

En ĉi tiu nova epoko de rapida teknologia avanco, la Eŭropa Unio devas ankaŭ adaptiĝi al ŝanĝiĝantaj cirkonstancoj kaj novaj teknologiaj progresoj. Ĝi devas kompreni la potencialon de nova teknologio, kiel ekzemple inteligentaj sistemoj, artifika inteligenteco, kaj la Interreto. La uzado de tiuj teknologioj povas helpi la Eŭropan Union plibonigi sian efikecon, komunikadon, kaj interkonekton inter membroŝtatoj.

Fine, sed ne malpli grave, la estonteco de la Eŭropa Unio dependas de la volo kaj engaĝiĝo de ĝiaj membroj. Nur se la ŝtatoj de la Eŭropa Unio estas solidaraj kaj konscias pri la komuna celo de paco, stabileco, kaj prospero, la Eŭropa Unio povas daŭre evolui kaj prosperi en la venontaj jaroj.

En konkludo, la estonteco de la Eŭropa Unio estas plenplena de eblaj ebloj kaj defioj. Tiu projekto, kiu estis fondita sur la fundamentoj de paco kaj kunlaboro, devas daŭre pliboniĝi, adaptiĝi, kaj esti solidara por plenumi siajn celojn. Nur tiam ĝi povos plene realigi sian potencialon kaj efektive esti konscia unio de diversaj popoloj kaj nacioj en Eŭropo.

The future of the European Union also depends on its internal political situation. The EU must continue to work on improving its functioning, including reforms in its administration, financial policies, and the consolidation of political unity. It is also crucial to be closer to the needs and interests of the people in the European Union so that it can effectively function as a conscious union of diverse states.

In this new era of rapid technological advancement, the European Union must also adapt to changing circumstances and new technological progress. It must understand the potential of new technologies such as intelligent systems, artificial intelligence, and the internet. The use of these technologies can help the European Union improve its efficiency, communication, and interconnectedness among member states.

Lastly, but not least, the future of the European Union depends on the willingness and commitment of its members. Only if the states of the European Union are united and conscious of the common goal of peace, stability, and prosperity, can the European Union continue to evolve and thrive in the coming years.

In conclusion, the future of the European Union is full of possible opportunities and challenges. This project, founded on the principles of peace and collaboration, must continue to improve, adapt, and show solidarity to fulfill its goals. Only then can it fully realize its potential and effectively be a conscious union of diverse peoples and nations in Europe.

LA SIGNIFO DE DEMOKRATIO EN LA MODERNA SOCIETO

Demokratio estas unu el la plej fundamentaj principoj en la moderna societo. Ĝi reprezentas sistemon, kie la povro kaj decidoj estas donitaj al la popolo. En ĉi tiu esejo, ni esploros la signifon de demokratio en la moderna societo.

Unu el la plej signifaj aspektoj de demokratio estas la partopreno kaj la rajtoj de la individuoj. En demokrata societo, ĉiuj homoj havas la rajton partopreni en la decidoj, elekti siajn reprezentantojn, kaj esprimi siajn ideojn kaj opiniojn. Tio donas al ĉiu individuo la senton de esti parto de la socio kaj la eblecon influi la kurancon de la lando.

Demokratio ankaŭ garantiis diversajn civilajn rajtojn kaj liberecojn, kiel ekzemple la libereco de esprimo, religia libereco, kaj la rajto al justa proceso. Tiuj rajtoj estas esencaj por la protekto de la individua libereco kaj la evoluo de progresiva kaj inkluziva societo.

La demokratio ankaŭ aspektas la stabilon kaj la pacan kreskon de la societo. Per siaj mekanismoj de demokratiaj elektoj, la lando povas havi pacan transiron de povo al povo, sen la bezono de violentaj ŝanĝoj. La regulaj elektoj kaj la respekto al la rezultoj de la elektoj kontribuas al politika stabileco kaj la konservado de la paco en la socio.

Aliflanke, demokratio ankaŭ havas siajn defiojn. Ĝi postulas informitajn kaj aktivajn civitanojn, kiuj partoprenas en la sociaj aferoj kaj estigas dialogon. Sen informitaj kaj aktivaj partoprenantoj, la demokratiaj institucioj povas malmoleci kaj perdi sian signifon.

THE SIGNIFICANCE OF DEMOCRACY IN MODERN SOCIETY

Democracy is one of the most fundamental principles in modern society. It represents a system where power and decisions are given to the people. In this essay, we will explore the significance of democracy in modern society.

One of the most significant aspects of democracy is the participation and rights of individuals. In a democratic society, all people have the right to participate in decisions, elect their representatives, and express their ideas and opinions. This gives every individual a sense of belonging to society and the ability to influence the course of the country.

Democracy also guarantees various civil rights and freedoms, such as freedom of expression, religious freedom, and the right to a fair trial. These rights are essential for protecting individual liberties and the development of a progressive and inclusive society.

Democracy also contributes to the stability and peaceful growth of society. Through its mechanisms of democratic elections, a country can have a peaceful transition of power without the need for violent changes. Regular elections and respect for the election results contribute to political stability and the preservation of peace in society.

On the other hand, democracy also faces its challenges. It requires informed and active citizens who participate in social affairs and engage in dialogue. Without informed and active participants, democratic institutions can weaken and lose their significance.

Fine, la signifo de demokratio en la moderna societo estas fundamenta. Ĝi estas la fundamento de ĉiuj aliaj rajtoj kaj valoroj, kaj ĝi estas la garanto de la individua libereco, justeco, kaj egalrajteco. La demokratio estas konstanta evolua proceso, kiu devas esti gardata kaj plibonigita fare de la homoj, por ke ĝi povu plene realigi sian signifon kaj pozitivan influon en la socio.

En konkludo, demokratio estas esenca por la moderna societo. Ĝi donas al ĉiuj homoj la rajton kaj la eblecon partopreni, kaj ĝi estas la bazo de justeco, paco, kaj progreso en la socio. La signifo de demokratio devas esti subtenata kaj plibonigata, por ke ni povu vivi en libera kaj egalrajta mondo.

LA ROLO DE FILOZOFIO EN FORMADO DE LA HOMARA PENSADO

Filozofio estas la scienca kaj intelekta disciplino, kiu celas kompreni la fundamentajn demandojn pri la vivo, la mondo, kaj la homaro. En ĉi tiu esejo, ni esploros la rolon de filozofio en formado de la homara pensado.

Unu el la plej gravaj aspektoj de filozofio estas ĝia kapablo stariĝi antaŭ la fundamentaj demandoj pri ekzistado, vero, kaj signifo. Per analizo kaj racia esplorado, filozofio provas kompreni la naturon de la homaro, la kuntekston en kiu ni ekzistas, kaj niajn rilatojn al la mondo. Ĝi ebligas al ni dubi, esplori kaj profunde pripensi pri niaj kredoj, valoroj, kaj principoj.

Ultimately, the significance of democracy in modern society is foundational. It is the basis for all other rights and values, and it is the guarantor of individual freedom, justice, and equality. Democracy is an ongoing evolving process that needs to be guarded and improved by the people to fully realize its significance and positive impact on society.

In conclusion, democracy is essential for modern society. It gives all people the right and opportunity to participate, and it is the foundation of justice, peace, and progress in society. The significance of democracy must be supported and improved so that we can live in a free and equal world.

THE ROLE OF PHILOSOPHY IN SHAPING HUMAN THOUGHT

Philosophy is the scientific and intellectual discipline that aims to understand the fundamental questions about life, the world, and humanity. In this essay, we will explore the role of philosophy in shaping human thought.

One of the most important aspects of philosophy is its ability to confront the fundamental questions about existence, truth, and meaning. Through analysis and rational exploration, philosophy seeks to understand the nature of humanity, the context in which we exist, and our relationship to the world. It enables us to doubt, explore, and deeply reflect on our beliefs, values, and principles.

Filozofio ankaŭ ludas gravan rolon en la evoluo de la homara pensado. Ĝi kontribuas al la disvolviĝo de konceptoj kaj teorioj pri la naturo de la scio, la moralo, kaj la etiko. Per sia kritika kaj analiza metodo, filozofio stimulas la homaran pensadon kaj krei novajn perspektivojn pri la mondo. Ĝi helpas al ni pli bone kompreni nian propran konsciencon, la naturon de vero, kaj nian loko en la vasta kosmo.

La filozofiaj diskutoj kaj teorioj ankaŭ influas la socion kaj la politikan spacon. Ekzistas filozofiaj ideoj, kiuj formis la bazon de diversaj politikaj sistemoj kaj sociaj movadoj. La filozofio estas katalizilo por la revolucioj, la demokratiaj ideoj, kaj la emancipo de oppresitaj grupoj. Ĝi donas al ni la ilojn kaj la scion por pripensi pri la pravajco, la justeco, kaj la vivmaniero de niaj societoj.

Ankaŭ en la praktika vivo, la filozofiaj principoj havas signifon. La filozofiaj sistemoj kaj etikaj doktrinoj helpas al homoj orienti sin kaj donas al ili gvidliniojn por konduki pli bonan kaj pli saĝan vivon. La filozofio povas helpi al ni pri decidoj pri niaj valoroj, pri nia celo kaj pri nia kompreno de la mondo kaj de ni mem.

Fine, la rolo de filozofio estas konstanta evoluo kaj diskuto. Ĝi kreskas kaj ŝanĝiĝas kun la homa pensado kaj la scienca progreso. La filozofio estas ĉiam aktuala kaj gravas en nia vivo kiel fonto de saĝeco, kritika pensado, kaj profunda kompreno de la homara kondiĉo.

En konkludo, la rolo de filozofio en formado de la homara pensado estas esenca. Ĝi helpas al ni kompreni la fundamentajn demandojn pri la vivo kaj la mondo, kaj stimulas nian intelektan kaj kritikan kapablon. La filozofio estas fonto de saĝeco, kies influo etendas sin en ĉiuj aspektoj de nia vivo kaj formadas nian vidon pri la mondo.

Philosophy also plays a significant role in the evolution of human thought. It contributes to the development of concepts and theories about the nature of knowledge, morality, and ethics. Through its critical and analytical method, philosophy stimulates human thinking and creates new perspectives on the world. It helps us better understand our own consciousness, the nature of truth, and our place in the vast cosmos.

Philosophical discussions and theories also influence society and the political sphere. There are philosophical ideas that have formed the basis of various political systems and social movements. Philosophy is a catalyst for revolutions, democratic ideas, and the emancipation of oppressed groups. It provides us with the tools and knowledge to reflect on the justice, fairness, and way of life in our societies.

Even in practical life, philosophical principles hold significance. Philosophical systems and ethical doctrines help people orient themselves and provide guidelines for leading a better and wiser life. Philosophy can assist us in making decisions about our values, our purpose, and our understanding of the world and ourselves.
Ultimately, the role of philosophy is one of constant evolution and debate. It grows and changes with human thought and scientific progress. Philosophy is always relevant and important in our lives as a source of wisdom, critical thinking, and profound understanding of the human condition.

In conclusion, the role of philosophy in shaping human thought is essential. It helps us understand the fundamental questions about life and the world and stimulates our intellectual and critical capacities. Philosophy is a source of wisdom whose influence extends to all aspects of our lives and shapes our worldview.

LA DEFIOJ KAJ OPORTUNECOJ DE TEKNOLOGIA AVANCO EN SANOZORGO

La teknologia avanco en la sanozorgo havas profundan influon sur la maniero, kiel ni atentas, diagnozas kaj traktas malsanojn. En ĉi tiu esejo, ni esploros la defiojn kaj oportunecojn, kiuj rezultas el la rapide evoluanta teknologio en la sanozorgo.

Unu el la ĉefaj defioj estas la rapideco de teknologiaj avancoj. Novaj teknologioj, kiel inteligentaj medicinaj aparatoj, telemedicino kaj virtualeco, povas radikale ŝanĝi la manieron, kiel ni zorgas pri nia sano. Tamen, tiuj avancoj ankaŭ postulas konstantan lernadon kaj adaptiĝon de la sanozorga personaro por povi efike kaj sekure uzi la novajn teknologiajn ilojn.

Alia defio estas la sekureco kaj privateco de pacientaj datumoj. Kun la pli granda uzo de elektronikaj dosieroj kaj interkonektita medicina aparataro, estas gravaj demandoj pri la protektado de la privataj informoj de pacientoj. La teknologio devas esti sekura kaj ĝustega, por ke pacientoj sentu sin protektitaj kaj konfidaj en la sanozorga sistemo.

Tamen, la teknologia avanco ankaŭ prezentas grandajn oportunecojn por la sanozorgo. La pli rapida komunikado kaj kunhavigo de pacientaj informoj per telemedicino povas helpi redukti atendotempon kaj plibonigi la kvaliton de zorgo. Pacientoj povas ricevi konsulton de sian hejmon, sen bezono de vojaĝado al la medicina centro. Ankaŭ la pli preciza diagnozo kaj traktado per novaj teknologiaj iloj povas rezulti en pli efika kaj individue adaptita zorgo.

THE CHALLENGES AND OPPORTUNITIES OF TECHNOLOGICAL ADVANCEMENTS IN HEALTHCARE

Technological advancements in healthcare have a profound impact on the way we attend to, diagnose, and treat illnesses. In this essay, we will explore the challenges and opportunities that arise from rapidly evolving technology in healthcare.

One of the main challenges is the speed of technological advancements. New technologies, such as smart medical devices, telemedicine, and virtual reality, can radically change the way we care for our health. However, these advancements also require constant learning and adaptation from healthcare personnel to effectively and safely use the new technological tools.

Another challenge is the security and privacy of patient data. With the increased use of electronic records and interconnected medical devices, there are significant concerns about protecting the private information of patients. The technology must be secure and reliable for patients to feel protected and confident in the healthcare system.

However, technological advancement also presents significant opportunities for healthcare. The faster communication and sharing of patient information through telemedicine can help reduce waiting times and improve the quality of care. Patients can receive consultations from their homes, without the need for travel to medical centers. Additionally, more precise diagnosis and treatment through new technological tools can result in more efficient and individually tailored care.

La teknologia avanco ankaŭ donas al pacientoj pli grandan kontrolo kaj partoprenon en sia sanozorgo. Per retaj platformoj kaj aplikaĵoj, ili povas memregistri kaj sekvi siajn sanoindikilojn, ricevi edukadon pri sana vivstilo, kaj eĉ komuniki kun aliaj homoj kun similaj sanozorgaj bezonoj. Tio povas krei pli kompleksan kaj kunlaboran rilaton inter pacientoj kaj sanozorgaj provizantoj.

Fine, la teknologia avanco en la sanozorgo ankaŭ prezentas novajn avenuojn por medicina esplorado kaj traktado. La evoluo de medicina inteligenteco, robotiko kaj genetikaĵo povas kondukigi al pli preciza kaj efika terapio por malsanoj, kaj eĉ novaj manieroj de preventado. Tamen, tiaj avancoj postulas etikajn reflektojn kaj konsiderojn pri la justeco, egalrajteco kaj ebleco aliri la teknologiojn por ĉiuj homoj.

En konkludo, la teknologia avanco en la sanozorgo prezentas ĉiujn defiojn kaj oportunecojn. Estas necese trovi la adekvatan baldaŭon inter la uzo de teknologio kaj la protektado de pacientoj, privataj informoj, kaj kvalito de zorgo. Nur per konscia kaj etika alproksimiĝo, ni povos plene utiligi la potencialon de la teknologiaj avancoj por plibonigi la sanozorgon kaj la vivkvaliton de homoj.

Technological advancements also give patients greater control and participation in their healthcare. Through online platforms and applications, they can self-monitor and track their health indicators, receive education on healthy lifestyles, and even communicate with others with similar healthcare needs. This can create a more complex and collaborative relationship between patients and healthcare providers.

Finally, technological advancements in healthcare also present new avenues for medical research and treatment. The evolution of medical intelligence, robotics, and genetics can lead to more precise and effective therapies for diseases, and even new ways of prevention. However, such advancements require ethical reflection and considerations regarding justice, equality, and accessibility to technology for all people.

In conclusion, technological advancements in healthcare present both challenges and opportunities. It is necessary to find the right balance between the use of technology and the protection of patients, private information, and the quality of care. Only through conscious and ethical approaches can we fully harness the potential of technological advancements to improve healthcare and the quality of life for people.

LA INFLUO DE REKLAMO SUR LA KONSUMENTA KONDUTO

Reklamo estas potenca instrumento por influenci la konduton de konsumantoj. En ĉi tiu esejo, ni esploros la influecon de reklamo sur la konduto de konsumantoj.

Unu el la plej evidentaj influaĵoj de reklamo estas la kreado de deziron kaj bezono en la konsumentoj. Per efektivaj strategioj kaj allogaj mesaĝoj, reklamo povas kapti la atenton de la publiko kaj krei la senton, ke ili bezonas aĉeti specajn produktojn aŭ servojn. Ĝi povas krei la impreson, ke la posedo de tiuj produktoj plenumos iliajn dezirojn kaj donos al ili pli bonan vivon.

Reklamo ankaŭ povas influi la preferojn de konsumantoj. Per prezentado de atributoj, avantaĝoj kaj diferencaj ecoj de produktoj, ĝi povas konvinki la publikon, ke certaj varoj estas pli bonaj ol aliaj. La konsumento estas direktata por elekti specifajn produktojn, laŭ la mesaĝoj, kiujn ili ricevis el la reklamo. Tiel, reklamo povas havi signifan rolon en la formado de konsumkulturo kaj prefero de varoj.

Sed reklamo ankaŭ povas havi negativajn influojn sur la konsumentojn. Kelkaj reklamoj povas esti trompemaj aŭ enganemaj, promesante rezultojn aŭ avantaĝojn, kiuj ne plenumiĝas en realo. Tio povas kaŭzi malĝojon kaj maltrankvilon en la konsumentoj, kiam ili malkovras, ke la produktaj asertoj estas tro optimistaj aŭ ne fidindaj. Reklamo ankaŭ povas krei nepreman bezonon de aĉeto, kiu instigas impulsvendadon kaj senreflekteman konsumadon.

La socia aspekto de reklamo ankaŭ estas signifoplena. Reklamoj estas uzataj por komuniki valorojn, ideojn kaj kulturon.

THE INFLUENCE OF ADVERTISING ON CONSUMER BEHAVIOR

Advertising is a powerful tool for influencing consumer behavior. In this essay, we will explore the influence of advertising on consumer behavior.

One of the most evident influences of advertising is the creation of desire and need in consumers. Through effective strategies and enticing messages, advertising can capture the attention of the public and create the sense that they need to buy specific products or services. It can create the impression that owning these products will fulfill their desires and provide them with a better life.

Advertising can also influence consumer preferences. By presenting attributes, advantages, and unique features of products, it can convince the public that certain goods are better than others. The consumer is directed to choose specific products based on the messages they receive from advertising. Thus, advertising can play a significant role in shaping consumer culture and product preferences.

However, advertising can also have negative influences on consumers. Some advertisements can be deceptive or misleading, promising results or advantages that do not materialize in reality. This can cause disappointment and uneasiness among consumers when they discover that the product claims were too optimistic or unreliable. Advertising can also create an unnecessary need for purchase, encouraging impulse buying and mindless consumption.

The social aspect of advertising is also significant. Advertisements are used to communicate values, ideas, and culture.

Ili povas influi la manieron, kiel la publiko perceptas konceptojn de beleco, feliĉo, sukceso kaj identeco. La potencaj influoj de reklamo sur la konsumenta konduto ne nur formi la individuajn aĉetdecidojn, sed ankaŭ ŝanĝi la socian kaj kulturan langeton.

En konkludo, reklamo estas potenca forto, kiu povas influi la konduton de konsumantoj. Dum ĝi povas esti utila por informi kaj allogi la publikon al certaj produktoj, ĝi ankaŭ prezentas defiojn kaj riskojn. Konsumantoj devas esti kritikaj kaj prilabori la reklamajn mesaĝojn por fari prudentajn aĉetdecidojn kaj elekti la produktojn, kiuj plej bone kongruas iliajn bezonojn kaj valorojn.

LA SIGNIFO DE EMOCIA INTELLIGENTO EN LA PERSONA KAJ PROFESIA VIVO

Emocia intelligento estas kvalito, kiu estas kritike grava en la persona kaj profesia vivo. En ĉi tiu esejo, ni esploros la signifon de emocia intelligento kaj kiel ĝi influas nian vivon.

Emocia intelligento implikas la kapablon rekoni, kompreni kaj reguligi siajn proprajn emociojn, kaj ankaŭ rekoni kaj kompreni la emociojn de aliaj homoj. Ĝi estas lertaĵo pri emocioj, kiu permesas al ni agi adekvate kaj produktive en diversecaj situacioj.

En la persona vivo, emocia intelligento estas esenca por la kultivado de sanaj rilatoj kun aliaj homoj. Ĝi helpas nin kompreni niajn proprajn sentojn kaj bezonojn, kaj ankaŭ esti empatiaj kaj kompreni la sentojn de niaj proksimuloj. Per la kapablo regi niajn emociojn, ni povas pli efike solvi konfliktojn kaj evoluigi intimecon kun aliaj.

They can influence how the public perceives concepts of beauty, happiness, success, and identity. The powerful influences of advertising on consumer behavior not only shape individual purchasing decisions but also change the social and cultural landscape.

In conclusion, advertising is a powerful force that can influence consumer behavior. While it can be useful for informing and enticing the public towards certain products, it also presents challenges and risks. Consumers need to be critical and process advertising messages to make informed purchasing decisions and choose products that best align with their needs and values.

THE IMPORTANCE OF EMOTIONAL INTELLIGENCE IN PERSONAL AND PROFESSIONAL LIFE

Emotional intelligence is a quality that is crucial in both personal and professional life. In this essay, we will explore the significance of emotional intelligence and how it influences our lives.

Emotional intelligence involves the ability to recognize, understand, and regulate our own emotions, as well as recognize and understand the emotions of others. It is a skill in emotions that allows us to act appropriately and productively in diverse situations.

In personal life, emotional intelligence is essential for cultivating healthy relationships with others. It helps us understand our own feelings and needs, and also be empathetic and understand the feelings of those close to us. By being able to manage our emotions, we can more effectively resolve conflicts and develop intimacy with others.

En la profesia sfero, emocia intelligento estas ŝlosilo al sukceso. Ĝi ebligas bonan komunikon kaj kunevoluon kun kunlaborantoj, establas harmonion en la laborejo, kaj helpas nin gvidi kaj influenci aliajn homojn. La kapablo kompreni kaj regi siajn emociojn ankaŭ estas kritika por efika streĉgestion kaj adaptiĝo al ŝanĝoj en la labora medio.

Emocia intelligento ankaŭ estas lertaĵo, kiu helpas nin pli bone konscii pri nia propra menso-korpo-konekto kaj zorgi pri nia fizika kaj emocia bonstato. Kiam ni estas emocie inteligentaj, ni estas pli kapablaj respekti niajn limojn, agi konscie kaj fari sanajn elektojn por nia propra bono.

Fakte, emocia intelligento estas klava aspekto de inteligenta vivaĵo. Ĝi povas helpi nin kreski kaj evolui kiel individuoj kaj kontribui al pli bona socio kaj mondo. La kultivado de emocia intelligento povas okazi per aŭtodidakteco, reflekto, kaj praktiko. Kiel kun ĉiu kapablo, ĝi povas esti plibonigita kaj fortigita per konstanta trejnado kaj kultivado.

Fine, ni ne devas subesti la signifon de emocia intelligento en nia persona kaj profesia vivo. Ĝi estas la bazo de sanaj rilatoj, sukceso en la laboro, kaj persona bonstato. Per pligrandigado de nia emocia intelligento, ni povas vivi pli plenajn, kontentajn kaj harmoniajn vivojn.

In the professional sphere, emotional intelligence is a key to success. It enables good communication and collaboration with colleagues, establishes harmony in the workplace, and helps us lead and influence others. The ability to understand and regulate our emotions is also critical for effective stress management and adaptation to changes in the work environment.

Emotional intelligence is also a skill that helps us become more aware of our own mind-body connection and take care of our physical and emotional well-being. When we are emotionally intelligent, we are better able to respect our limits, act consciously, and make healthy choices for our own well-being.

In fact, emotional intelligence is a crucial aspect of intelligent living. It can help us grow and evolve as individuals and contribute to a better society and world. Cultivating emotional intelligence can occur through self-education, reflection, and practice. Like any skill, it can be improved and strengthened through constant training and cultivation.

In conclusion, we should not underestimate the importance of emotional intelligence in our personal and professional lives. It is the foundation of healthy relationships, success in work, and personal well-being. By expanding our emotional intelligence, we can live more fulfilling, content, and harmonious lives.

LA SIGNIFO DE PRIVATECO KAJ SURVEILO EN LA CIFERECA EPOKO

La rapida avanco de la teknologio kaj la pleneblo de la interreto estis kunigitaj kun novaj demandoj pri privateco kaj surveilo en la cifereca epoko. En ĉi tiu esejo, ni esploros la signifon de privateco kaj la implicaĵojn de surveilo en nia nuntempa mondo.

Privateco estas fundamenta rajto kaj valoro en ĉiu socion. Ĝi garantas la individuon la rajton protekti sian identecon, informojn kaj intiman vivon. Tamen, en la cifereca epoko, privateco estas pli ol iam ajn konfrontita kun novaj ŝancoj kaj danĝeroj.

La evoluo de la teĥnologio kaj la interreto liveras al ni grandan facilecon kaj komunikon, sed samtempe ankaŭ pligrandigas la kapablon de registaroj kaj aliaj instancoj por sekvi kaj montri niajn agojn kaj privatajn informojn. La disvolviĝo de tutmondaj retoj, sociaj medioj kaj la enreta komerco permesas ampleksan kolektadon de informoj pri ni, kio povas havi seriozajn implicaĵojn pri nia privateco.

Surveilo ankaŭ estas grava temo en la cifereca epoko. Registaroj, entreprenoj kaj eĉ individuoj povas uzi diversajn teknologiojn por observi, sekvi kaj analizi la agojn de aliaj homoj. Dum tio povas havi utilajn aspektojn, ekzemple en la kampo de sekureco kaj krimpreveno, ĝi ankaŭ prezentas riskojn pri la eksceso de povoj kaj la potenciala malobservo de privataco.

La implicaĵoj de privateco kaj surveilo ne nur rilatas al individuoj, sed ankaŭ al la socio kaj la politiko.

THE IMPLICATIONS OF PRIVACY AND SURVEILLANCE IN THE DIGITAL AGE

The rapid advancement of technology and the ubiquity of the internet have brought forth new questions about privacy and surveillance in the digital age. In this essay, we will explore the significance of privacy and the implications of surveillance in our contemporary world.

Privacy is a fundamental right and value in any society. It ensures individuals the right to protect their identity, information, and intimate life. However, in the digital age, privacy is more than ever confronted with new opportunities and dangers.

The evolution of technology and the internet provides us with great convenience and communication, but at the same time, it amplifies the ability of governments and other entities to track and monitor our actions and private information. The development of global networks, social media, and online commerce allows for extensive collection of information about us, which can have serious implications for our privacy.

Surveillance is also a significant issue in the digital age. Governments, businesses, and even individuals can utilize various technologies to observe, track, and analyze the actions of others. While this can have useful aspects, such as in the field of security and crime prevention, it also presents risks of excessive powers and potential disregard for privacy.

The implications of privacy and surveillance extend not only to individuals but also to society and politics.

La ekzistado de vastaj informo-bazoj kaj la kapablo analizi ĝin povas esti uzataj por aliformigi la potencon kaj influecon de registaroj kaj instancoj. Ankaŭ, la malkovro de privataj informoj povas havi gravajn konsekvencojn pri la individuoj kaj influenci la socian dinamikon.

La protektado de privateco kaj la limigo de surveilo estas do kritikaj en la cifereca epoko. Ĝi postulas la evoluon de adekvataj leĝoj kaj reguligoj por protekti la rajtojn kaj privatacon de individuoj. Ni devas esti konsciaj pri la informoj, kiujn ni dividas en la interreto, kaj uzi ilin kun prudento. Ankaŭ, ni devas partopreni la disvolvon de etiko kaj valoroj pri la uzo de la teknologio en rilato al la privateco.

Fine, ni devas daŭre revizii kaj diskuti la temon de privateco kaj surveilo en nia cifereca vivo. La konscia protektado de privateco estas kritika por la individuo kaj la socio kaj gravas por la evoluo de sana kaj etika cifereca mondo.

LA ROLO DE VOLONTULADO KAJ KOMUNUMA SERVO EN LA SOCIO

La volontulado kaj la komunuma servo estas fundamentaj en la konstruo de solida kaj progresanta socio. En ĉi tiu esejo, ni esploros la rolon de volontulado kaj komunuma servo en nia socio.

Volontulado estas la aktivo de propravole partopreni kaj kontribui al la komunumo. Ĝi estas ago de bonfaraĵo, kie homoj dediĉas sian tempon, energion kaj kapablojn por helpi aliajn sen atendo de rekompenco. La volontuloj povas labori en diversaj areoj, kiel ekzemple sano, edukado, medio, socia justeco, kaj multaj aliaj.

The existence of vast databases and the ability to analyze them can be used to alter the power and influence of governments and entities. Additionally, the disclosure of private information can have serious consequences for individuals and influence social dynamics.

The protection of privacy and the limitation of surveillance are therefore critical in the digital age. It calls for the development of adequate laws and regulations to safeguard the rights and privacy of individuals. We must be aware of the information we share online and use it with caution. Additionally, we must participate in the development of ethics and values regarding the use of technology in relation to privacy.

In conclusion, we must continually review and discuss the topic of privacy and surveillance in our digital lives. The conscious protection of privacy is crucial for the individual and society and is essential for the evolution of a healthy and ethical digital world.

THE ROLE OF VOLUNTEERING AND COMMUNITY SERVICE IN SOCIETY

Volunteering and community service are essential in building a strong and progressive society. In this essay, we will explore the role of volunteering and community service in our society.

Volunteering is the act of willingly participating and contributing to the community. It is an act of goodwill, where people dedicate their time, energy, and abilities to help others without expecting any compensation. Volunteers can work in various areas such as health, education, environment, social justice, and many others.

La volontulado havas multajn beneficojn por la socio. Ĝi
fortigas la socian kohesion kaj solidarecon, ĉar ĝi kreas
interrilaton inter diversaj homoj kaj grupoj. Per la
volontulado, homoj povas kompreni kaj respekti la bezonojn
kaj valorojn de aliaj, kaj labori kune por solvi komunajn
problemojn.

La volontulado ankaŭ havas pozitivan influon sur la
individuoj. Per la partopreno en volontulado, homoj povas
evoluigi siajn kapablojn, kreski kiel individuoj kaj krei
signifan ŝanĝon en sia propra vivo kaj la vivo de aliaj. La
volontulado povas ankaŭ kontribui al la kresko de
memkonscio, memfido, kaj solidemo.

Komunuma servo estas simila al volontulado, sed ĝi
ampleksas pli larĝan socion. Ĝi implikas kolektivan agadon
por plibonigi la vivon de la tuta komunumo. Dum
volontulado povas esti individua aŭ en malgranda grupo, la
komunuma servo postulas kunlaboron de multaj homoj por
atingi komunan celon.

La komunuma servo estas grava en konstruo de potencaj
kaj rezilientaj komunumoj. Per la kolektiva agado, homoj
povas krei progreson kaj solvi gravajn sociajn problemojn.
La komunuma servo ankaŭ plibonigas la kvaliton de vivo de
la komunumo kaj krei oportunecojn por ĉiuj partoprenantoj.

En nia socia kunteksto, volontulado kaj komunuma servo
estas esencaj por plenumi niajn sociajn bezonojn kaj
konstrui pli bonan estontecon. La partopreno en
volontulado kaj komunuma servo povas doni signifon kaj
valoron al la individuo kaj al la tuta komunumo.

Ni devas plifortigi kaj subteni la volontulajn kaj komunumajn
iniciatojn.

Volunteering has many benefits for society. It strengthens social cohesion and solidarity as it creates interactions among diverse individuals and groups. Through volunteering, people can understand and respect the needs and values of others, and work together to solve common problems.

Volunteering also has a positive impact on individuals. By participating in volunteering, people can develop their skills, grow as individuals, and make a significant change in their own lives and the lives of others. Volunteering can also contribute to the growth of self-awareness, self-confidence, and empathy.

Community service is similar to volunteering, but it encompasses a broader society. It involves collective action to improve the lives of the entire community. While volunteering can be individual or in small groups, community service requires the collaboration of many people to achieve a common goal.

Community service is crucial in building strong and resilient communities. Through collective action, people can create progress and solve significant social problems. Community service also improves the quality of life in the community and creates opportunities for all participants.

In our social context, volunteering and community service are essential to meet our social needs and build a better future. Participation in volunteering and community service can give meaning and value to individuals and the entire community.

We must strengthen and support voluntary and community initiatives.

La registaroj, ne-gubernaj organizaĵoj, kaj ĉiuj individuoj havas rolon en kreado de ambiente, kie volontulado kaj komunuma servo estas aplaŭdataj kaj faciligitaj.

La volontulado kaj la komunuma servo estas la radikoj de kresko kaj disvolviĝo de nia socio. Per la kunlaboro kaj dediĉo, ni povas krei pli solidan, inkluzivan, kaj bonfaremajn komunumojn.

LA IMPACTO DE LA MASA TURISMO SUR LOKA KOMUNUMOJ KAJ MEDIO

La rapida kresko de la turisma industrio kaj la alteco de la masaturismo havas profundan influon sur lokaj komunumoj kaj la medio en kiuj ili ekzistas. En ĉi tiu esejo, ni esploros la impacton de la masaturismo sur lokaj komunumoj kaj la medio.

La masaturismo povas havi multajn pozitivajn efikojn, kiel ekonomian kreskon kaj kreadon de laboro por la lokaj rezidentoj. La alveno de turistoj povas krei novajn komercajn ŝancojn kaj pligrandigi la eblon de komunumoj por ricevi revnaron. Tamen, dum la ekonomiaj beneficoj estas evidente vidataj, ni ankaŭ devas prizorgi la negativajn efikojn.

Unu el la negativaj efikoj de la masaturismo estas la superuzado de naturaj resursoj. La pliigita turisma fluo povas kaŭzi superekspluatadon de akvo, manĝaĵo kaj aliaj lokaj resursoj. Tio povas havi seriozajn konsekvencojn por la medio, inkluzive de deforestado, rivera poluado kaj ekosistemaj damaĝoj.

Governments, non-governmental organizations, and individuals all have a role in creating an environment where volunteering and community service are applauded and facilitated.

Volunteering and community service are the roots of growth and development in our society. Through collaboration and dedication, we can create more resilient, inclusive, and socially responsible communities.

THE IMPACT OF MASS TOURISM ON LOCAL COMMUNITIES AND ENVIRONMENT

The rapid growth of the tourism industry and the rise of mass tourism have a profound impact on local communities and the environment in which they exist. In this essay, we will explore the impact of mass tourism on local communities and the environment.

Mass tourism can have many positive effects, such as economic growth and job creation for local residents. The influx of tourists can create new business opportunities and enhance the ability of communities to generate revenue. However, while the economic benefits are clearly visible, we must also be mindful of the negative effects.

One of the negative effects of mass tourism is the overuse of natural resources. Increased tourist flow can cause overexploitation of water, food, and other local resources. This can have serious consequences for the environment, including deforestation, river pollution, and ecosystem damage.

La masaturismo ankaŭ povas krei kulturan enmeton kaj komercajn ekvilibrigajn problemojn. La alveno de granda nombro da turistoj povas konduki al la konstruo de turismaj infrastrukturoj kaj la komerca transformiĝo de tradiciaj komunumoj. Tio povas rezulti en la perdo de kultura identeco kaj la malfortiĝo de lokaj industrioj kaj metioj.

La alveno de turistoj ankaŭ povas kaŭzi superpopolon en certaj lokoj, kiu povas esti ŝarĝa por la lokaj infrastrukturoj, kiel ekzemple transporto, akvofontoj kaj hejmloĝado. Tio povas kaŭzi konfliktojn kaj tensiojn inter la turistoj kaj la lokaj rezidentoj.

Por mitigi la negativajn efikojn de la masaturismo, estas necese prizorgi kaj reguligi la turisman industrijon. La registaroj, komunumoj kaj turismaj operantoj povas labori kune por krei politikojn kaj strategiojn, kiuj plibonigos la protekton de la medio, kulturan heredaĵon kaj la bonstato de la lokaj komunumoj.

La turistoj ankaŭ havas gravan rolon en la suksesplena implikado en la turisma sperto. Ili povas fari elektojn, kiuj subtenas la lokan komunumon kaj la medion, kiel ekzemple elektante ekoturismon kaj aĉetante lokajn produktojn.

La masaturismo povas esti ambaŭo pozitiva kaj negativa. Por ke la turismo estu sustenebla, ĝi devas esti regule prizorgata, kun respekto por la medio kaj respekto al la lokaj komunumoj. Nur tiam la turismo povas efike kontribui al la socia kaj ekologia disvolviĝo de lokaĵoj.

Mass tourism can also create cultural assimilation and commercial imbalances. The influx of a large number of tourists can lead to the construction of tourism infrastructure and the commercial transformation of traditional communities. This can result in the loss of cultural identity and the weakening of local industries and professions.

The arrival of tourists can also cause overcrowding in certain locations, which can strain local infrastructure such as transportation, water sources, and accommodation. This can lead to conflicts and tensions between tourists and local residents.

To mitigate the negative effects of mass tourism, it is necessary to manage and regulate the tourism industry. Governments, communities, and tourism operators can work together to create policies and strategies that enhance the protection of the environment, cultural heritage, and the well-being of local communities.

Tourists also have a significant role in the successful engagement with the tourism experience. They can make choices that support the local community and the environment, such as opting for eco-tourism and purchasing local products.

Mass tourism can be both positive and negative. For tourism to be sustainable, it must be carefully managed, with respect for the environment and consideration for local communities. Only then can tourism effectively contribute to the social and ecological development of destinations.

LA AVANTAĜOJ KAJ RISKOJ DE GENETIKA MODIFADO EN AGRIKULTURO

Genetika modifado en agrikulturo estas kontroversa temo, sed ĝi ankaŭ povas havi avantaĝojn kaj riskojn. En ĉi tiu esejo, ni esploros la diversajn aspektojn de genetika modifado en agrikulturo.

La unua grava avantaĝo estas la pli alta produktiveco. Per genetika modifado, plantoj povas esti manipulitaj por havi pli bonan reziston al insektoj, malsanoj kaj malbonaj klimataj kondiĉoj. Tio signifas pli grandan produktadon kaj pli bonan kvaliton de la kreskaĵoj.

Genetika modifado ankaŭ povas redukti la uzo de pesticidoj kaj herbicidoj. Plantoj povas esti modifitaj por esti rezistantaj kontraŭ insektoj aŭ herbicidoj, do ne estas bezonataj tiom da kemikaloj por protekti ilin. Tio estas pozitiva aspekto por la medio, ĉar malpli da kemikaloj estas liverataj al la tero kaj akvoj.

Alia avantaĝo estas la povado krei nutrajne riĉajn manĝaĵojn. Per genetika modifado, plantoj povas esti plibonigitaj por enhavi pli da vitaminoj, mineraloj kaj aliaj nutraj substancoj. Tio povas helpi plibonigi la nutradon kaj sanon de homoj en regionoj kun malplenaĵoj.

Tamen, ekzistas ankaŭ riskoj asociitaj kun genetika modifado en agrikulturo. Unu risko estas la eventuala malaperado de varieco kaj biodiverseco. Se ni tro fokusas sur kelkaj specifaj genetike modifitaj plantoj, ni povas perdi la naturan diversaron de kultivaraj specioj kaj ĝiajn genetikajn riĉaĵojn.

THE BENEFITS AND RISKS OF GENETIC MODIFICATION IN AGRICULTURE

Genetic modification in agriculture is a controversial topic, but it can also have benefits and risks. In this essay, we will explore the various aspects of genetic modification in agriculture.

The first significant benefit is increased productivity. Through genetic modification, plants can be manipulated to have better resistance to insects, diseases, and adverse climatic conditions. This translates into higher yields and better quality crops.

Genetic modification can also reduce the use of pesticides and herbicides. Plants can be modified to be resistant to insects or herbicides, reducing the need for chemical protection. This is a positive aspect for the environment, as fewer chemicals are released into the soil and water.

Another advantage is the ability to create nutritionally rich food. Through genetic modification, plants can be enhanced to contain more vitamins, minerals, and other nutritional substances. This can help improve nutrition and health in regions with deficiencies.

However, there are also risks associated with genetic modification in agriculture. One risk is the potential loss of variety and biodiversity. If we focus too much on a few genetically modified plants, we may lose the natural diversity of cultivated species and their genetic richness.

Ankaŭ povas esti etikaj koncernoj. La komerca uzado de genetike modifitaj plantoj povas kaŭzi dependon de grandaj korporacioj, kaj tiu dependeco povas havi negativan efikon sur la sendependecon de la lokaj kreskistoj kaj la ekonomion de malriĉaj regionoj.

Fine, ekzistas ankaŭ la risko de negativa sanaĵo. Kvankam la genetika modifado estas tre kontrolata kaj reguligita, ekzistas ebleco de nekonataj efikoj sur la sano de homoj kaj la medio. Tial estas necese havi strekajn sciencajn esplorojn kaj reguligon por protekti la interesojn de ĉiuj partoprenantoj.

LA EVOLUO DE LA MODO KAJ ĜIA KULTURA SIGNIFO

La modo ĉiam estis parto de la homa kulturo kaj ĝi evoluis tra la jardekoj. Ĉi tiu esejo esploros la evoluon de la modo kaj ĝian kulturan signifon en la historio.

En la antaŭaj epokoj, la modo estis tute alia ol nun. En diversaj kulturoj, vestaĵoj kaj akcesoraĵoj havis religian, socian, aŭ simbolan signifon. Ili estis uzataj por montri apartecon, rangojn, religiajn konvinkojn, kaj aliajn sociajn aŭ identecajn aspektojn.

En la moderna epoko, la modo iĝis pli ŝanĝema kaj influata de la konsumisma kulturo. La rapida disvastiĝo de mediapremioj, kiel televido kaj revuoj, kaj poste la interreto, plifaciligis la disvastigon de modaj tendencoj kaj stiloj. La modo nun ofte estas rilatita al individua esprimo, memidenteco, kaj estetiko.

There may also be ethical concerns. The commercial use of genetically modified plants can lead to dependence on large corporations, and this dependence can have a negative impact on the independence of local growers and the economy of poor regions.

Finally, there is also the risk of negative health effects. Although genetic modification is highly controlled and regulated, there is a possibility of unknown effects on human health and the environment. Therefore, it is necessary to have rigorous scientific research and regulation to protect the interests of all stakeholders.

THE EVOLUTION OF FASHION AND ITS CULTURAL SIGNIFICANCE

Fashion has always been a part of human culture and has evolved throughout the centuries. This essay will explore the evolution of fashion and its cultural significance in history.

In ancient times, fashion was very different from what it is today. In various cultures, clothing and accessories held religious, social, or symbolic meanings. They were used to display uniqueness, social status, religious beliefs, and other social or identity-related aspects.

In the modern era, fashion has become more changeable and influenced by consumerist culture. The rapid spread of media outlets such as television and magazines, and later the internet, facilitated the dissemination of fashion trends and styles. Fashion is now often related to individual expression, self-identity, and aesthetics.

La kultura signifo de la modo estas profunda. Ĝi reflektas la kulturon kaj historion de socion. Tra la modo, homoj povas esprimi sian kreademon, kredojn, kaj sociajn valorojn. Ekzistas modaj movadoj, kiuj celas esti politike aŭ socie koncizaj kaj formiĝi en kontraŭstaraĵo al establitaj normoj.

Tamen, la modo ankaŭ povas havi negativajn aspektojn. Ekzistas socioj, kie la modo estas vidata kiel simbolo de statuso kaj potenco. Tio povas krei malsamvaloron, klasojn, kaj neegalan akceson al modaj varoj. La rapida ŝanĝo de la modo ankaŭ povas esti malbona por la medio, pro la kreskanta ĉirkulado de fastmodaj varoj kaj la nepraktika konsumado.

En la fino, la modo estas pli ol nur vestaĵoj kaj stiloj. Ĝi estas esprimo de kulturo, individua kreademo, kaj sociaj valoroj. La evoluo de la modo reflektas la evoluon de la homa socio kaj ĝiajn kulturojn.

LA ROLO DE EDUKADO EN PROMOCII SEKSAN EGALECON

Edukado ludas klavon en la promocio de seksega egaligo. Ĝi estas potenca ilo por ŝanĝi normojn, konstrui konscion, kaj disvastigi egalecan pensmanieron. En ĉi tiu esejo, ni esploros la rolon de edukado en la promociado de seksega egaligo.

Unu el la ĉefaj aspektoj de edukado en la batalo kontraŭ seksega diskriminacio estas la elimino de sekso-stereotipoj en la lernejoj. La instruado devas esti egaleca kaj sensignifa, kun egala atento al knaboj kaj knabinoj. Estas necese, ke lernejoj enkalkulu temojn pri egaleco de seksoj en la kurrikulo, kaj instruistoj havigu pozitivan rolon en formado de egalaj rilatoj inter la lernantoj.

The cultural significance of fashion is profound. It reflects the culture and history of a society. Through fashion, people can express their creativity, beliefs, and social values. There are fashion movements that aim to be politically or socially conscious and emerge as a counter-narrative to established norms.

However, fashion can also have negative aspects. There are societies where fashion is seen as a symbol of status and power. This can create inequality, class distinctions, and unequal access to fashionable goods. The rapid change in fashion can also be detrimental to the environment, due to the increasing circulation of fast fashion items and impractical consumption.

In the end, fashion is more than just clothing and styles. It is an expression of culture, individual creativity, and social values. The evolution of fashion reflects the evolution of human society and its cultures.

THE ROLE OF EDUCATION IN PROMOTING GENDER EQUALITY

Education plays a key role in promoting gender equality. It is a powerful tool for changing norms, building awareness, and spreading an egalitarian mindset. In this essay, we will explore the role of education in promoting gender equality.

One of the crucial aspects of education in the fight against gender discrimination is the elimination of gender stereotypes in schools. Instruction should be gender-neutral and meaningful, with equal attention given to boys and girls. It is necessary for schools to incorporate topics of gender equality into the curriculum, and teachers should play a positive role in shaping equal relationships among students.

Edukado ankaŭ ludas gravan rolon en la konscio pri la rajtoj kaj ebloj de virinoj. La instruado devas provizi informojn pri la historio, kontribuoj, kaj streboj de virinoj en la sociaj, politikaj, kaj ekonomiaj sferoj. Tiel la junaj homoj povas kompreni kaj respekti la valoron kaj la gravecon de egaleco de seksoj en ĉiuj aspektoj de la vivo.

Edukado kaj formado de lernantoj ankaŭ devas inkluzivi kritikan pensadon kaj la kapablon analizi kaj kompreni socian konstruon de sekso kaj sekseco. Per edukado, ni povas kontraŭbatali prejuĝojn, stereotipojn, kaj socian diskriminacion bazitan sur sekso. Ni povas instrui junajn homojn pri kulturoj kaj sociaj normoj, kiuj subtenas la egalecon inter seksoj kaj kreas spacojn por individua esprimo.

Edukado ankaŭ povas oferti ŝancojn por la disvastigo de scio kaj kapabloj de knabinoj kaj virinoj. Ĝi povas disponigi egalan aliron al oportunoj, inkluzive de altkvalitaj lernejoj, universitatoj, kaj profesiaj trejnadoj. Per edukado, ni povas krei egalan fundamenton por la partopreno de virinoj en la laborforto kaj politika areno.

LA EFIKOJ DE SOCIA MALEGALIGO PRI SANO KAJ BONVIVADO

Socia malegaligo havas gravajn efikojn pri sano kaj bonvivado. Ĝi influas ĉiujn aspektojn de homa vivo kaj povas kaŭzi negativan influon sur individuojn kaj komunumojn. En ĉi tiu esejo, ni esploros la efikojn de socia malegaligo pri sano kaj bonvivado.

Education also plays a significant role in raising awareness about women's rights and opportunities. Instruction should provide information about the history, contributions, and aspirations of women in social, political, and economic spheres. This way, young people can understand and respect the value and importance of gender equality in all aspects of life.

Education and the formation of students should also include critical thinking and the ability to analyze and understand the social construction of gender and sexuality. Through education, we can combat prejudices, stereotypes, and social discrimination based on gender. We can educate young people about cultures and social norms that support gender equality and create spaces for individual expression.

Education can also provide opportunities for the dissemination of knowledge and skills for girls and women. It can ensure equal access to opportunities, including high-quality schools, universities, and professional training. Through education, we can create an equal foundation for women's participation in the workforce and political arena.

THE EFFECTS OF SOCIAL INEQUALITY ON HEALTH AND WELL-BEING

Social inequality has significant effects on health and well-being. It influences all aspects of human life and can have a negative impact on individuals and communities. In this essay, we will explore the effects of social inequality on health and well-being.

Unu el la plej evidenciaj efikoj de socia malegaligo estas la malsamo en aliro al sanigo kaj medicinservoj. Homoj el malriĉaj kaj senpovaj familioj povas esti malebligitaj aliri necesan kuracilon aŭ kvalitan medican prizorgon. Tio rezultigas pli gravajn sanproblemojn kaj malpli bonajn sanstatistikojn en tiuj komunumoj.

Socia malegaligo ankaŭ kondukas al psikologia streso kaj emociulo. Homoj, kiuj spertas maljustaĵon kaj diskriminacion pro sia socia situacio, povas havi pli malbonan mentan sanon kaj pli altan nivelon de malĝojo kaj maltrankvilo. La sento de senpovo kaj maljusteco povas kaŭzi danĝerajn efikojn sur la emocia kaj menta bonstato de individuoj.

Krom tio, socia malegaligo ankaŭ povas kaŭzi fizikajn malsanojn. Homoj en malriĉaj komunumoj povas esti pli eksponitaj al malbonaj vivokondiĉoj, inkluzive de malnutrado, malvarmo, kaj malsanoportaj medioj. La manko de aliro al sana manĝaĵo, loĝado, kaj sanitaj instalaĵoj povas kaŭzi pliigajn riskojn pri malsanoj kaj malsaneco.

En la fino, socia malegaligo havas negativajn efikojn sur la sano kaj bonvivado de individuoj kaj komunumoj. Por solvi tiun problemon, estas necesaj politikaj kaj sociaj ŝanĝoj por pliigi egalrajtojn, redukti diskriminacion, kaj pli bone distribui resursojn. Nur per egaleco kaj solidareco ni povos atingi sanan kaj prosperan socion por ĉiuj.

One of the most evident effects of social inequality is the disparity in access to healthcare and medical services. People from poor and marginalized families may be unable to access necessary treatment or quality medical care. This results in more severe health problems and poorer health statistics in those communities.

Social inequality also leads to psychological stress and emotional turmoil. Individuals who experience injustice and discrimination due to their social situation may have poorer mental health and higher levels of sadness and anxiety. The feeling of powerlessness and injustice can have detrimental effects on the emotional and mental well-being of individuals.

Furthermore, social inequality can also cause physical illnesses. People in impoverished communities may be more exposed to poor living conditions, including malnutrition, cold, and disease-prone environments. The lack of access to healthy food, housing, and sanitation facilities can lead to increased risks of diseases and ill health.

In the end, social inequality has negative effects on the health and well-being of individuals and communities. To address this issue, political and social changes are necessary to increase equal rights, reduce discrimination, and better distribute resources. Only through equality and solidarity can we achieve a healthy and prosperous society for all.

LA INFLUOJ DE ARTO KAJ DIZAJNO EN ĈIUTAGA VIVO

Arto kaj dizajno havas profundajn influojn en nia ĉiutaga vivo. Ili formas niajn spacojn, influecas nian percepton, kaj ebligas esprimon de kreadeco kaj beleco. En ĉi tiu esejo, ni esploros la influojn de arto kaj dizajno en ĉiutaga vivo.

Unu el la plej evidencaj influoj de arto kaj dizajno estas ilia rolo en formado de niaj spacoj kaj ambiente. Pensez pri la arkitekturo de via domo, la desegno de viaj mebloj, kaj la aranĝo de objektoj en via ĉirkaŭaĵo. Ĉiu aspekto de niaj spacoj estas influata de kreadema penso kaj estetiko.

Arto kaj dizajno ankaŭ influas nian percepton de la mondo. Ili povas esti kataliziloj por emocioj, ideoj, kaj komunikado. Pensu pri la povo de bildoj, koloroj, kaj formoj en pentraĵoj, skulptaĵoj, kaj fotografaĵoj. Ili povas igi nin sentiĝi, pensi, kaj percepti la mondon en novaj kaj rimarkindaj manieroj.

Krome, arto kaj dizajno ebligas kreademon kaj esprimon de individoj. Ili estas platformo por personaj eldonoj kaj esprimo de ideoj, sentoj, kaj spertoj. Ni vidas tion en la kreaĵoj de artistoj, muzikistoj, skulptistoj, kaj ĉiuj, kiuj uziĝas de la formaj elementoj por krei ion originan kaj signifoplenan.

Tamen, arto kaj dizajno ne estas nur pri la kreado de objektoj. Ili ankaŭ havas socian kaj kulturan signifon. Ili povas esprimi identitaton, valorojn, kaj historion de individuoj kaj komunumoj. Ili kontribuas al nia kolektiva kulturo kaj povas fari politikajn kaj sociajn mesaĝojn.

THE INFLUENCE OF ART AND DESIGN IN EVERYDAY LIFE

Art and design have profound influences on our everyday life. They shape our spaces, influence our perception, and enable the expression of creativity and beauty. In this essay, we will explore the influences of art and design in everyday life.

One of the most evident influences of art and design is their role in shaping our spaces and environments. Think about the architecture of your home, the design of your furniture, and the arrangement of objects in your surroundings. Every aspect of our spaces is influenced by creative thinking and aesthetics.

Art and design also influence our perception of the world. They can be catalysts for emotions, ideas, and communication. Think about the power of images, colors, and shapes in paintings, sculptures, and photographs. They can make us feel, think, and perceive the world in new and remarkable ways.

Furthermore, art and design enable creativity and individual expression. They are a platform for personal output and the expression of ideas, feelings, and experiences. We see this in the creations of artists, musicians, sculptors, and all who utilize formal elements to create something original and meaningful.

However, art and design are not just about creating objects. They also have social and cultural significance. They can express identity, values, and the history of individuals and communities. They contribute to our collective culture and can convey political and social messages.

LA GRAVECO DE FINANCA LETERUMO EN PERSONA FINANCO

Financa leterumo ludas gravan rolon en persona financo. Ĝi donas al homoj la scion kaj kapablon pravigi financajn decidojn, kompreni kaj uzi monajn ilojn, kaj esti aŭtoritato pri siaj propraj financaj aferoj. En ĉi tiu esejo, ni esploros la gravecon de financa leterumo en persona financo.

Unu el la plej evidentaj argumentoj pri la graveco de financa leterumo estas la kapablo fari pravigitajn financajn decidojn. Scio pri budĝetado, ŝparado, kaj ŝuldoj helpas homojn kompreni kiel bone utiligi siajn monajn resursojn. Kiam oni estas financa leterulo, oni estas pli kapabla eviti ŝuldojn, fari inteligentajn aĉetojn, kaj plenumi siajn longperspektivajn financajn celojn.

Financa leterumo ankaŭ koncernas la scion kaj uzon de monaj iloj. Ĝi inkludas komprenon pri bankokontoj, kredito-kartoj, investado, kaj aliaj financaj produktoj. Per tia scio, oni povas plibonigi siajn financajn eblojn, kiel ekzemple altigi rendimentojn kaj minigi kostojn. Krome, financa leterumo ebligas homojn protekti sin de financaj trompoj kaj fraudoj.

Esti aŭtoritato pri siaj propraj financaj aferoj estas kritika parto de finanaca leterumo. Ĝi signifas esti kapabla administradi siajn financajn dokumentojn, monitori siajn elspezojn kaj enspezojn, kaj plani por la estonteco. Homoj kun financa leterumo estas pli kapablaj krei stabilan financajn situaciojn kaj adaptiĝi al ŝanĝoj en la ekonomio kaj vivsituacioj.

THE IMPORTANCE OF FINANCIAL LITERACY IN PERSONAL FINANCE

Financial literacy plays a crucial role in personal finance. It provides people with the knowledge and skills to make informed financial decisions, understand and utilize monetary tools, and be in control of their own financial matters. In this essay, we will explore the importance of financial literacy in personal finance.

One of the most evident arguments for the importance of financial literacy is the ability to make justified financial decisions. Knowledge about budgeting, saving, and debt helps individuals understand how to effectively utilize their financial resources. When one is financially literate, they are better able to avoid debts, make intelligent purchases, and achieve their long-term financial goals.

Financial literacy also pertains to the knowledge and use of monetary tools. It includes understanding bank accounts, credit cards, investments, and other financial products. With such knowledge, one can enhance their financial capabilities, such as increasing returns and minimizing costs. Additionally, financial literacy empowers individuals to protect themselves from financial scams and frauds.

Being in control of one's own financial matters is a critical aspect of financial literacy. It means being able to manage financial documents, monitor expenses and income, and plan for the future. People with financial literacy are more capable of creating stable financial situations and adapting to changes in the economy and life circumstances.

LA ROLO DE RELIGIO EN LA NUNA SOCIO

Religio ludas signifan rolon en la nuna socio. Ĝi havas profundan influon en kulturo, moralo, etiko kaj identeco. En ĉi tiu esejo, ni esploros la rolon de religio en la nuna socio.

Unu el la plej evidencaj aspektoj de la rolo de religio estas ties influo en kulturon. Religio havas sian propran ceremoniaron, ritmon kaj valorojn, kiuj influas la vivon kaj la komunumojn de homoj. Religiaj kredoj kaj praktikoj povas influenci la arton, literaturon, muzikon kaj aliajn esprimojn de kulturo.

Religio ankaŭ povas esti fonto de moralaj kaj etikaj principoj. Ĝi ofte proponas normojn kaj valorojn, kiuj helpas gvidi homojn en siaj decidoj kaj konduto. Religiaj doktrinoj povas influenci la percepton pri bono, malbono, justeco kaj aliaj etikaj temoj.

Krome, religio ofte ludas gravan rolon en la konstruo de identeco. Religiaj kredoj kaj ritmoj povas fari parton de individua identeco kaj grupa aparteno. Religiaj komunumoj povas esti fonto de subteno, solidareco kaj senso de aparteno.

Tamen, la rolo de religio en la nuna socio estas multaspekta kaj povas esti kontestita. Oni devas konsideri la diversajn religiajn tradiciojn kaj la praktikojn de individuaj homoj. La interago de religio kun scienco, politiko kaj socioekonomiaj fortoj ankaŭ estas grava temo.

THE ROLE OF RELIGION IN CONTEMPORARY SOCIETY

Religion plays a significant role in contemporary society. It has a profound influence on culture, morality, ethics, and identity. In this essay, we will explore the role of religion in contemporary society.

One of the most evident aspects of the role of religion is its influence on culture. Religion has its own rituals, rhythms, and values that impact the lives and communities of people. Religious beliefs and practices can influence art, literature, music, and other expressions of culture.

Religion can also be a source of moral and ethical principles. It often provides norms and values that help guide people in their decisions and behavior. Religious doctrines can influence perceptions of good, evil, justice, and other ethical themes.

Furthermore, religion often plays a significant role in the construction of identity. Religious beliefs and rhythms can be part of individual identity and group affiliation. Religious communities can be a source of support, solidarity, and a sense of belonging.

However, the role of religion in contemporary society is multifaceted and can be contested. One must consider the diverse religious traditions and the practices of individual people. The interaction of religion with science, politics, and socio-economic forces is also an important topic.

LA INFLUO DE MIGRADO SUR SOCIAJ KAJ EKONOMIAJ STRUKTUROJ

Migrado havas profundan influan efikon sur sociaj kaj ekonomiaj strukturoj. Ĝi transformas komunumojn, kulturojn kaj ekonomiojn. En ĉi tiu esejo, ni esploros la influon de migrado sur sociaj kaj ekonomiaj strukturoj.

Unu el la plej evidencaj aspektoj de la influo de migrado estas ĝia efiko sur la demografion de komunumoj. Migrado povas signife ŝanĝi la grandon, strukturon kaj diverson de populacioj. Tio povas havi konsekvencojn por la sociaj rilatoj kaj la identeco de la komunumoj.

Migrado ankaŭ influas ekonomiajn strukturojn. Migrantoj povas kontribui al la ekonomio de siaj gastlandoj tra laboro kaj entreprenado. Ili povas plenigi labordeficitojn, porti novajn ideojn kaj kompetencon, kaj plibonigi la produktivecon. Tamen, migrado ankaŭ povas krei konkuradon sur la labormerkato kaj influadi salajrojn.

Sociaj strukturoj estas ankaŭ transformitaj per migrado. Migrantoj portas kun si siajn kulturojn, lingvojn kaj tradiciojn, kaj tiuj aspektoj povas enriĉigi la sociojn, kie ili loĝas. Migrantoj kontribuas al la multlingveco, la diverso kaj la interkultura kompreno. Tamen, migrado povas ankaŭ krei konfliktojn kaj malsamecon inter grupoj.

THE IMPACT OF MIGRATION ON SOCIAL AND ECONOMIC STRUCTURES

Migration has a profound impact on social and economic structures. It transforms communities, cultures, and economies. In this essay, we will explore the influence of migration on social and economic structures.

One of the most evident aspects of the impact of migration is its effect on the demographics of communities. Migration can significantly change the size, structure, and diversity of populations. This can have consequences for social relationships and the identity of communities.

Migration also influences economic structures. Migrants can contribute to the economy of their host countries through labor and entrepreneurship. They can fill labor shortages, bring new ideas and skills, and improve productivity. However, migration can also create competition in the labor market and impact wages.

Social structures are also transformed by migration. Migrants bring their cultures, languages, and traditions with them, and these aspects can enrich the societies where they reside. Migrants contribute to multilingualism, diversity, and intercultural understanding. However, migration can also create conflicts and disparities between groups.

LA AVANTAĜOJ KAJ MALAVANTAĜOJ DE ENRETA AĈETADO

La enreta aĉetado estas populara kaj praktika maniero por aĉeti produktojn. Ĝi ofte ofertas avantaĝojn, sed ankaŭ havas kelkajn malavantaĝojn. En ĉi tiu esejo, ni eksploros la avantaĝojn kaj malavantaĝojn de enreta aĉetado.

Unu el la plej evidencaj avantaĝoj de enreta aĉetado estas la konveno. Oni povas aĉeti produktojn el la komforto de sia domo aŭ loko de elekto. La retaj vendejoj ofte disponigas vastan gamon de produktoj, kaj la aĉetado povas esti pli rapide kaj facile. Plie, oni povas kompari prezojn kaj trovi bonajn ofertojn pli facile per reta serĉo.

Alia avantaĝo estas la disponibileco de informo kaj recenzoj pri produktoj. Retaj vendejoj ofte prezentas detalan priskribon, bildojn kaj aliajn informojn pri la produkto. Krome, uzantoj povas lasi recenzojn kaj rangojn, kiuj povas helpi al aliaj decidi pri la aĉeto.

Tamen, enreta aĉetado ankaŭ havas kelkajn malavantaĝojn. Unu el ili estas la nekapablo fizike inspekti aŭ provi la produkton antaŭ la aĉeto. Foje, la reala aspekto de la produkto povas malsimili de la bildoj aŭ priskriboj. Ankaŭ, la procezo de reveno kaj ŝanĝo povas esti pli malfacila kaj daŭrigi pli longe.

Enreta aĉetado ankaŭ povas kaŭzi sekurecajn zorgojn. Oni devas esti singarda kun la donado de persona informo, kiel kreditkartaj detaloj, ĉar ekzistas risko de identitetrompo aŭ kibersaĝado. Komunaj malintenculoj povas provi akiri la personajn datumojn de uzantoj.

THE BENEFITS AND DRAWBACKS OF ONLINE SHOPPING

Online shopping is a popular and convenient way to purchase products. It often offers advantages but also has some drawbacks. In this essay, we will explore the benefits and drawbacks of online shopping.

One of the most evident advantages of online shopping is convenience. One can buy products from the comfort of their home or location of choice. Online stores often provide a wide range of products, and the purchasing process can be quicker and easier. Additionally, one can compare prices and find good deals more easily through online search.

Another advantage is the availability of information and product reviews. Online stores often present detailed descriptions, images, and other information about the product. Moreover, users can leave reviews and ratings, which can help others make decisions about the purchase.

However, online shopping also has some drawbacks. One of them is the inability to physically inspect or try the product before the purchase. Sometimes, the actual appearance of the product may differ from the images or descriptions. Additionally, the process of returns and exchanges can be more complicated and time-consuming.

Online shopping can also raise security concerns. One must be cautious with providing personal information, such as credit card details, as there is a risk of identity theft or cybercrime. Common malicious actors may attempt to acquire users' personal data.

LA ETIKO DE KAPITALA PUNO EN LA KRIMINALA JUSTICOSISTEMO

La demando pri kapitala puno estas konstanta fonto de debatoj kaj kontroversoj en la kriminala justicosistemo. En ĉi tiu esejo, ni esploros la etikajn aspektojn de kapitala puno kaj la moralajn dilemojn, kiuj rilatas al ĝi.

Unu el la plej fundamentaj demandoj estas ĉu kapitala puno estas morale justa. La defendantoj de kapitala puno argumentas, ke ĝi estas nepra respondo al la plej gravaj krimoj, kiel murdo. Ili asertas, ke tia puno efikas kiel signifo de deturno, puno kaj evitado de ripetaj krimoj.

Tamen, kontraŭuloj de kapitala puno asertas, ke ĝi estas grava etika problemo. Ili kritikas ĝin kiel nehumana kaj barbarecan formon de puno, kiu malobservas la fundamentajn homajn rajtojn. Oni argumentas, ke ĉiu homo havas la rajton je vivo kaj ke kapitala puno kontraŭas tiun rajton.

La efikoj de kapitala puno ankaŭ estas temo de debato. La kontraŭuloj argumentas, ke ĝi ne efikas kiel deterranto kaj ke la ebleco de eraroj en la justa sistemo povas kaŭzi nepravajn konsekvencojn. Ili ankaŭ emfazas, ke kapitala puno ne solvas la krimproblemon, sed nur reprezentas vendejon por vengi la viktimojn.

THE ETHICS OF CAPITAL PUNISHMENT IN THE CRIMINAL JUSTICE SYSTEM

The question of capital punishment is a constant source of debate and controversy in the criminal justice system. In this essay, we will explore the ethical aspects of capital punishment and the moral dilemmas associated with it.

One of the most fundamental questions is whether capital punishment is morally justifiable. Supporters of capital punishment argue that it is a necessary response to the most serious crimes, such as murder. They assert that such punishment serves as a deterrent, a punishment, and a prevention of repeat offenses.

However, opponents of capital punishment argue that it is a grave ethical problem. They criticize it as an inhumane and barbaric form of punishment that disregards basic human rights. It is argued that every human being has the right to life, and capital punishment violates that right.

The effects of capital punishment are also a subject of debate. Opponents argue that it is not effective as a deterrent and that the possibility of errors in the justice system can lead to unjust consequences. They also emphasize that capital punishment does not solve the problem of crime but merely represents a venue for vengeance for the victims.

LA ROLO DE TEKNOLOGIO EN ENFRONTI EKOLOGIAJN DEFIOJN

La mondo estas konfrontata kun gravaj ekologiaj defioj, kaj teknologio ludas signifan rolon en serĉado de solvoj. En ĉi tiu esejo, ni priparolos la rolon de teknologio en la traktado de ekologiaj problemoj kaj kiel ĝi povas kontribui al pli bona kaj sana medio.

Unu el la plej gravaj ekologiaj problemoj estas la klimata ŝanĝo. Teknologio povas helpi redukti la emision de gasoj, kiel ekzemple karbona dioxid, per evoluo de pli efikaj kaj malpli poluaj energiofontoj. Ekzemploj estas sunenergio, ventoenergio, kaj hidroenergio. Ankaŭ, teĥnikoj kiel karbonkaptado kaj sekvestro povas esti uzataj por redukti la nivelon de atmosfera karbona dioxid.

Alia gravaj temo estas malpliiĝo de naturaj resursoj. Teknologio povas helpi efike uzi kaj reuzi resursojn per evoluo de recikladaj teĥnikoj kaj pli efikaj produktadoj. Krom tio, teknologio ankaŭ povas helpi en la agrikulturo per evoluo de preciza kaj malpeza agrikulturo, kiu reduktas la uzon de pesticidoj kaj akvo.

Teknologio ankaŭ havas signifan rolon en la sorbado de rubaĵoj kaj poluoj. Ĝi povas esti uzata por trakti kaj purigi akvon, aero, kaj teron, kaj sekvi la kvaliton de la medio. Ankaŭ, la uzado de inteligentaj sistemoj kaj sensoroj povas helpi monitori kaj reguligi industriajn procezojn por redukti poluon.

En la fina analizo, teknologio estas potenca ilo en la batalo kontraŭ ekologiaj defioj. Tamen, ĝi ne estas sole solvo. Ĉiujn komunumojn devas esti konsciigitaj pri la rolo de teknologio kaj agi por konservado de la medio. Kombinante la uzon de teknologio kaj la adoptratecon al pli malgrandaj kaj sustenaj agoj, ni povas disvolvi pli bona kaj saneco mezo por la estonteco.

THE ROLE OF TECHNOLOGY IN ADDRESSING ENVIRONMENTAL CHALLENGES

The world is facing significant environmental challenges, and technology plays a crucial role in seeking solutions. In this essay, we will discuss the role of technology in addressing environmental issues and how it can contribute to a better and healthier environment.

One of the most critical environmental problems is climate change. Technology can help reduce gas emissions, such as carbon dioxide, through the development of more efficient and less polluting energy sources. Examples include solar energy, wind energy, and hydro energy. Additionally, techniques like carbon capture and sequestration can be used to reduce the level of atmospheric carbon dioxide.

Another important issue is the depletion of natural resources. Technology can help efficiently use and reuse resources through the development of recycling techniques and more efficient production methods. Furthermore, technology can also aid in agriculture through the advancement of precise and lightweight farming, which reduces the use of pesticides and water.

Technology also plays a significant role in the remediation of waste and pollutants. It can be used to treat and purify water, air, and soil, as well as monitor the quality of the environment. Additionally, the use of smart systems and sensors can help monitor and regulate industrial processes to reduce pollution.

In conclusion, technology is a powerful tool in the battle against environmental challenges. However, it is not the sole solution. All communities must be aware of the role of technology and take action for environmental conservation. By combining the use of technology and the adoption of smaller, sustainable actions, we can develop a better and healthier environment for the future.

LA IMPAKTO DE MALJUNIĜANTA POPOLO SUR SANREGIMOJ

La monda populacio maljuniĝas, kaj tio havas signifan impakton sur sanregimoj kaj zorgaj sistemoj en diversaj landoj. En ĉi tiu esejo, ni esploros la impakton de maljuniĝanta popolo sur sanregimoj kaj kiel ĝi influas la provizon de zorgo kaj sanadministradon.

Unu el la ĉefaj aspektoj estas la pliiĝo de kronikaj malsanoj kaj la plibonigo de vivantaĝo. Maljunuloj pli ofte spertas kondiĉojn kiel diabeto, kardiovaskula malsano, kaj osteoporozo. Tio postulas pli ampleksan zorgon kaj kostaĵojn por la sanregimoj. Estas bezono pri pli efika gestado de kronikaj malsanoj kaj pli da sanedukado al la maljunaj individuoj.

Krom tio, maljuniĝanta popolo postulas pli da sanzorgaj servoj kaj specajn zorgojn. Tio inkluzivas hejman zorgon, respitejon, kaj fakte ni vidas pli da establadoj kaj programoj dediĉitaj al la bezonoj de la maljunaj individuoj. La zorgantoj devas esti preparitaj pri la specifaj bezonoj de la maljunuloj kaj havi sufiĉe da rimedoj por kontentigi tiujn bezonojn.

La financa aspekto ankaŭ estas grava. La pli granda proporcio de maljunuloj en la populacio signifas pli grandan postulon pri sanzorgaj servoj kaj pli da elspezoj por la sanregimoj. Tio povas esti problemo por ŝtatoj kun limigitaj resursoj. Estas bezono pri pli da diskutoj kaj strategioj por financi kaj organizi la zorgon por la maljunaj individuoj.

THE IMPACT OF AGING POPULATIONS ON HEALTHCARE SYSTEMS

The global population is aging, and this has a significant impact on healthcare systems in various countries. In this essay, we will explore the impact of aging populations on healthcare systems and how it affects the provision of care and health management.

One of the main aspects is the increase in chronic diseases and the improvement of life expectancy. Older adults are more likely to experience conditions such as diabetes, cardiovascular disease, and osteoporosis. This calls for more comprehensive care and costs for healthcare systems. There is a need for more effective management of chronic diseases and more health education for the elderly individuals.

In addition, aging populations require more healthcare services and specialized care. This includes home care, respite care, and in fact, we see more establishments and programs dedicated to the needs of elderly individuals. Caregivers need to be prepared for the specific needs of the elderly and have sufficient resources to meet those needs.

The financial aspect is also crucial. The larger proportion of elderly individuals in the population means a higher demand for healthcare services and more expenses for healthcare systems. This can be a challenge for states with limited resources. There is a need for more discussions and strategies to finance and organize care for the elderly individuals.

LA SIGNIFO DE KONSERVADO DE KULTURA HEREDAĴO

La kultura heredaĵo estas tre grava aspekto de nia identeco kaj historio. En ĉi tiu esejo, ni esploros la signifon de konservado de kultura heredaĵo kaj kiel ĝi kontribuas al nia kompreno kaj aprecado de nia pasinteco.

La kultura heredaĵo inkluzivas diversajn aspektojn, kiel ekzemple historion, arton, tradiciojn, kaj arkitekturon. Ĝi estas la spuro de niaj antaŭuloj, la kio montras la evoluon de homa kreado kaj kulturo tra la jaroj. La konservado de tiu heredaĵo estas kiel ŝirmi la ecojn de nia kolektiva memoro, donante signifon kaj identecon al nia komunumo.

Kultura heredaĵo estas rimedo por transdoni valorojn, sciojn, kaj sperton al estontaj generacioj. Ĝi estas fonto de inspirado, kiu povas stari kiel bazo por kreado kaj inovado en diversaj kampoj. Konservante kulturan heredaĵon, ni povas pli bone kompreni kaj apreci la diversajn kulturojn, kio kontribuas al kultura interkompreno kaj pacifo.

La konservado de kultura heredaĵo ankaŭ estas signifa ekonomia kaj turisma faktoro. Multaj homoj vizitas lokojn kaj partoprenas eventojn por sperti kulturan heredaĵon, kaj tiel, oni povas krei ekonomiajn oportunecojn. Tiel same, la kultura heredaĵo helpas al lokaj komunumoj evoluigi turismajn industriojn kaj pligrandigi lokeconomion.

Tamen, konservado de kultura heredaĵo ne estas sen defioj. La tempo, naturo, kaj homa interveno povas damaĝi tiun heredaĵon. Do, estas grava tasko prizorgi kaj protekti ĝin. Tio postulas la kunlaboron de registaroj, komunumoj, kaj individuoj por krei strategiojn kaj iniciatojn por konservi kaj transdoni nian kulturan heredaĵon al la venontaj generacioj.

THE SIGNIFICANCE OF CULTURAL HERITAGE PRESERVATION

Cultural heritage is a crucial aspect of our identity and history. In this essay, we will explore the significance of cultural heritage preservation and how it contributes to our understanding and appreciation of our past.

Cultural heritage encompasses various aspects such as history, art, traditions, and architecture. It is the trace of our ancestors, showcasing the evolution of human creativity and culture throughout the years. The preservation of this heritage is like safeguarding the echoes of our collective memory, giving meaning and identity to our community.

Cultural heritage is a means of transmitting values, knowledge, and experiences to future generations. It is a source of inspiration that can serve as a foundation for creation and innovation in various fields. By preserving cultural heritage, we can better understand and appreciate diverse cultures, contributing to cultural understanding and peace.

The preservation of cultural heritage is also a significant economic and tourism factor. Many people visit places and participate in events to experience cultural heritage, thereby creating economic opportunities. Similarly, cultural heritage helps local communities develop tourism industries and expand the local economy.

However, the preservation of cultural heritage is not without challenges. Time, nature, and human intervention can damage this heritage. Therefore, it is a crucial task to care for and protect it. This requires the collaboration of governments, communities, and individuals to create strategies and initiatives to preserve and transmit our cultural heritage to future generations.

DIVERSAĴOJ

PEE KRASUE

Pee Krasue, el la tailanda mitologio, estis spirito kun stranga kaj timiga aspekto. Ŝi estis juna virino kun bela vizaĝo, sed ŝia kapo estis apartigita de sia korpo kaj flugis malproksimen kun pendantaja intesto. Krasue kaj ŝia asocio, la serpentoengulo, estis konataj pro sia malica kaj perfida naturo.

En malgranda vilaĝo en la regiono de Siam, homoj vivis en timo pro la ekzistado de Pee Krasue. Oni rakontis, ke ŝi alvenis nokte, flugis tra la aero kaj serĉis sangan nutraĵon. Homoj gardis sin en siaj domoj kaj fermis ĉiujn pordojn kaj fenestrojn por eviti renkonton kun Pee Krasue.

En tiu vilaĝo vivis juna kaj kuraĝa knabino nomita Naree. Ŝi ne kredis je la timiga mito pri Pee Krasue kaj estis malkonfuzita pri la timo de la aliaj homoj. Ŝi opiniis, ke ĉiuj estoj, eĉ tiuj kun stranga aspekto, havis sian propran historion kaj intencon.

Unu nokto, dum Naree estis ekstere en la kampo, ŝi renkontis Pee Krasue. La spirito flugis malproksimen, kaj ĉiuj aliaj homoj kaŝis sin timigite. Tamen, Naree sentis misteran konekton kun Pee Krasue. Ŝi sentis, ke ŝi devis kompreni la spiriton pli bone.

Naree preterpasis sian timon kaj proksimiĝis al Pee Krasue. Ŝi rigardis la timigan aspekton de la spirito, sed ŝi vidis ankaŭ la triston en ŝiaj okuloj. Naree sentis, ke estas pli profunda rakonto malantaŭ tiu ekstera aspekto.

Kun kuraĝo, Naree parolis al Pee Krasue. Ŝi demandis pri la historio kaj emocioj de la spirito. Pee Krasue estis surprizita kaj ektimis la amikecon de Naree. Sed kun la pasinteco da timo, Naree montris, ke ŝi nur deziris kompreni kaj helpi.

PEE KRASUE

Pee Krasue, in Thai mythology, was a spirit with a strange and frightening appearance. She was a young woman with a beautiful face, but her head was separated from her body and flew away with dangling intestines. Krasue and her associate, the serpent angel, were known for their malicious and treacherous nature.

In a small village in the region of Siam, people lived in fear of the existence of Pee Krasue. It was said that she arrived at night, flew through the air, and searched for blood as her nourishment. People guarded themselves in their homes and closed all doors and windows to avoid encountering Pee Krasue.

In that village lived a young and courageous girl named Naree. She did not believe in the scary myth about Pee Krasue and was puzzled by the fear of the other people. She believed that all beings, even those with strange appearances, had their own history and intentions.

One night, while Naree was outside in the field, she encountered Pee Krasue. The spirit flew away, and all the other people hid in fear. However, Naree felt a mysterious connection with Pee Krasue. She felt that she had to understand the spirit better.
Naree overcame her fear and approached Pee Krasue. She looked at the terrifying appearance of the spirit, but she also saw the sadness in her eyes. Naree felt that there was a deeper story behind that external appearance.

With courage, Naree spoke to Pee Krasue. She asked about the history and emotions of the spirit. Pee Krasue was surprised and frightened by Naree's friendliness. But with the past fear, Naree showed that she only wanted to understand and help.

Pee Krasue, malrapide kaj hezite, respondis al Naree. Ŝi rakontis pri sia kondiĉo, kiel ŝi fariĝis spirito kaj pri la malebligo ĉesi la serĉadon de sangan nutraĵon. La spirito estis solitara kaj malfeliĉa, ĉar la homoj ĉiam timis kaj malamis ŝin.

Naree sentis kompatecon kaj empation por Pee Krasue. Ŝi komprenis, ke la spirito estas ankaŭ viktimo de la kredo kaj timo de la homoj. Ŝi decidis ke estas necesa ŝanĝi la percepton pri Pee Krasue en la vilaĝo kaj montri al la homoj, ke sub la timiga eksteraĵo estas suferema estaĵo.

Naree revenis al la vilaĝo kun Pee Krasue kaj prezentis ŝin al la homoj. Ĉiuj estis ŝokitaj, sed Naree petis al ili, ke ili aŭskultu la historion de Pee Krasue kaj malfermu siajn korojn al kompato. Ŝi klarigis, ke timo kaj malamo nur profundigas la mizerojn en la mondo.

Per tempo, homoj komencis lerni pri la doloro kaj soleco de Pee Krasue. Ili malfermis siajn korojn kaj kompatis la spiriton. Kompreno kaj kompato venis anstataŭe de timo kaj malamo.

Nun, la vilaĝo vivas en paco kun Pee Krasue. Ŝi ne plu estas timata, sed ŝi estas akceptita kiel parto de la komunumo. Naree kaj Pee Krasue restas amikoj, montrante al la homoj la potencon de kompato kaj la neceson de pripensi iliajn kredojn kaj timojn.

La historio de Pee Krasue disvastiĝis tra la landoj kaj portis mesaĝxon pri la importo de toleremo, kompato kaj komunikado. La vilaĝanoj eksciis, ke la aspekto ne determinas la kvalito de la animo. Kaj en la spirito de Pee Krasue, troviĝis la kapablo de amikeco kaj kuraĝo malgraŭ ĝia timiga aspekto.

Pee Krasue, slowly and hesitantly, responded to Naree. She told about her condition, how she became a spirit, and about the impossibility of stopping the search for blood nourishment. The spirit was lonely and unhappy because people always feared and hated her.

Naree felt compassion and empathy for Pee Krasue. She understood that the spirit was also a victim of the beliefs and fears of the people. She decided that it was necessary to change the perception of Pee Krasue in the village and show the people that beneath the frightening exterior was a suffering being.

Naree returned to the village with Pee Krasue and introduced her to the people. Everyone was shocked, but Naree asked them to listen to the story of Pee Krasue and open their hearts to compassion. She explained that fear and hatred only deepen the miseries in the world.

Over time, people began to learn about the pain and loneliness of Pee Krasue. They opened their hearts and sympathized with the spirit. Understanding and compassion replaced fear and hatred.

Now, the village lives in peace with Pee Krasue. She is no longer feared, but accepted as part of the community. Naree and Pee Krasue remain friends, showing the people the power of compassion and the need to reconsider their beliefs and fears.

The story of Pee Krasue spread across the lands and carried a message about the importance of tolerance, compassion, and communication. The villagers learned that appearance does not determine the quality of the soul. And in the spirit of Pee Krasue, the capacity for friendship and courage was found despite its frightening appearance.

NANOOK

Antaŭ multaj jaroj, en la malvarma regiono de la nordo, vivis junulo nomita Nanook. Li estis Inuita junulo, kies animo estis profunde konektita al la naturo kaj la mitologio de sia popolo.

Nanook aŭdis pri legendo pri spiritaj estaĵoj, kiuj loĝis en la bela glacia lando. Li estis bruligita de scivolemo kaj deziris sperti ilin mem. Nanook decide marŝis en la malvarmon, traversante vastajn glaciarojn kaj ventegajn torentojn, ĝis li atingis la loko, kie la spiritoj loĝis.

Kiam li alvenis, Nanook estis akceptita de la spiritoj kun amikeco kaj respekto. Ili sentis la puran kaj humilan animon de la junulo kaj sciis, ke li venis kun bona intenco. La spiritoj kunlaboris kun Nanook por instrui lin pri ilia mitologio kaj tradicioj.

Ili rakontis al li pri la potenca spirito Nuliajuk, la reĝino de la mariĝo sub la akvo. Ŝi estis grava figuro en la Inuita mitologio, kiu donis vivon al la bestoj de la maro kaj estis respektata kiel gardistino de la mara mondo.

Nanook estis fascinata de la historio de Nuliajuk kaj sentis profundan ligo kun la maro. Li decidis ke li volas trovi kaj renkonti Nuliajuk mem.

Per la gvidado de la spiritoj, Nanook komencis vojaĝon trans la vasta maro. Li renkontis konstantajn ventegojn kaj fridajn marajn ondojn, sed lia kuraĝo ne malaperis. Li daŭre antaŭeniris, esperante renkonti Nuliajuk kaj komunikiĝi kun ŝi.

NANOOK

Many years ago, in the cold region of the north, lived a young man named Nanook. He was an Inuit youth whose soul was deeply connected to the nature and mythology of his people.

Nanook heard a legend about spiritual beings, who lived in the beautiful icy land. He was burning with curiosity and desired to experience them for himself. Nanook decided to march into the cold, crossing vast glaciers and windy torrents, until he reached the place where the spirits lived.

When he arrived, Nanook was welcomed by the spirits with friendliness and respect. They sensed the pure and humble soul of the young man and knew that he came with good intentions. The spirits collaborated with Nanook to teach him about their mythology and traditions.

They told him about the powerful spirit Nuliajuk, the queen of marriage under the water. She was an important figure in Inuit mythology, who gave life to the sea creatures and was respected as the guardian of the marine world.

Nanook was fascinated by the story of Nuliajuk and felt a deep connection with the sea. He decided that he wanted to find and meet Nuliajuk herself.

Guided by the spirits, Nanook began a journey across the vast sea. He encountered constant storms and cold sea waves, but his courage did not waver. He continued forward, hoping to meet Nuliajuk and communicate with her.

Post longa vojaĝo, Nanook fine atingis la reĝinon de la mariĝo sub la akvo. Li renkontis Nuliajuk, kiu aperis antaŭ li kiel bela kaj potenca spirito. Ŝi estis trankvila kaj bonkora, kun profunda scio pri la mara mondo.

Nanook prezentis sin al Nuliajuk kaj parolis pri sia profunda respekto por ŝi kaj la maro. Li montris, ke li venis kun la deziro komunikiĝi kun ŝi kaj lerni pri la saĝeco de la mara vivo.

Nuliajuk estis impresita de la sincera kaj humila animo de Nanook. Ŝi decidis doni al li specialan donacon. Ŝi enkondukis lin en la profundajn akvojn, kie li travivis spertojn, kiuj transpasis la komprenon de la homoj.

Post kelkaj tagoj en la akva mondo, Nanook revenis al sia popolo kun plena koro kaj scio. Li estis nun portanto de la saĝeco de la maro, donacita de Nuliajuk mem.

De tiu tago, Nanook estis respektita kaj adorita de la homoj pro sia scio kaj spertoj. Li instruis siajn kamaradojn pri la saĝeco de la maro kaj kiel zorgi pri la natura medio.

Nanook restis humila kaj dankema al Nuliajuk kaj la spiritoj por la donaco de scio kaj spiriteco. Li daŭre vivis en harmonio kun la naturo kaj dediĉis sian vivon por protekti la belan Inuitan kulturon kaj la saĝecon de la mitologio.

After a long journey, Nanook finally reached the queen of marriage under the water. He met Nuliajuk, who appeared before him as a beautiful and powerful spirit. She was serene and kind-hearted, with profound knowledge of the marine world.

Nanook introduced himself to Nuliajuk and spoke about his deep respect for her and the sea. He showed that he came with the desire to communicate with her and learn about the wisdom of marine life.

Nuliajuk was impressed by Nanook's sincere and humble soul. She decided to give him a special gift. She led him into the deep waters, where he experienced things that transcended human understanding.

After a few days in the underwater world, Nanook returned to his people with a full heart and knowledge. He was now a bearer of the wisdom of the sea, bestowed upon him by Nuliajuk herself.

From that day on, Nanook was respected and adored by the people for his knowledge and experiences. He taught his companions about the wisdom of the sea and how to care for the natural environment.

Nanook remained humble and grateful to Nuliajuk and the spirits for the gift of knowledge and spirituality. He continued to live in harmony with nature and dedicated his life to protecting the beautiful Inuit culture and the wisdom of mythology.

ANANSI

Anansi estis aranea diino, kiu regis super la tero kaj la ĉielo. Ŝi havis la formon de granda kaj brila araneo kun multaj helaj okuloj. Ŝi estis scipova kaj saĝa, kaj ŝia scipovo kaj ŝakroj estis bone konataj inter la homoj kaj la dioj.

Unu tagon, homoj venis al Anansi kun peto. Ili estis ligitaj en malfacila situacio kaj ne sciis, kion fari. Iliaj kampoj estis senakve kaj malsataj bestoj minacis ilin. Ili turnis sin al Anansi en siaj mizero kaj petis ŝian helpon.

Anansi, kun sia intelekto kaj saĝo, eksciis pri la problemo kaj komencis penadi solvon. Ŝi prenis filon el sia pajlo kaj komencis tion fariĝi torditaĵon. Dum ŝi tordis la filon, ŝi pensis pri planoj kaj solvoj por helpi la homojn. Ŝi havis ideojn, kiuj brilis kiel ŝiaj okuloj.

Post kelkaj tagoj de laboro, Anansi finis sian torditaĵon. Ŝi nun havis longan kaj fortan linon, kiu povis fari la malfacilan laboron. Ŝi iris al la homoj kaj donis al ili la linon, klarigante, kiel ĝi povis esti uzata por forporti akvon el profundaj putoj.

La homoj estis ĝojaj kaj dankemaj al Anansi. Ili nun povis akiri akvon por siaj kamponoj kaj venki la malĝojon de la malsato. Ili nomis la linon "Fadeno de Anansi" kaj memoris ĉiam pri la saĝeco kaj helpo de la aranea diino.

La novaĵo pri la sukceso de Anansi disvastiĝis tra la lando. Aliaj homoj, kiuj suferis de malsato kaj mizero, venis al Anansi por ŝia saĝeco. Ŝi trovis solvojn por ili, donante konsilojn kaj helpante ilin superi siajn malfacilaĵojn.

ANANSI

Anansi was a spider goddess who ruled over the earth and the sky. She had the form of a large and radiant spider with many bright eyes. She was clever and wise, and her wit and tricks were well known among humans and gods alike.

One day, people came to Anansi with a request. They were trapped in a difficult situation and didn't know what to do. Their fields were dry, and hungry beasts threatened them. In their misery, they turned to Anansi and asked for her help.

With her intellect and wisdom, Anansi learned about the problem and started devising a solution. She took a thread from her web and began to twist it into a strong rope. While twisting the thread, she pondered about plans and solutions to aid the people. Her ideas shone like her eyes.

After a few days of labor, Anansi finished her twisted rope. She now had a long and strong line that could do the difficult work. She went to the people and gave them the rope, explaining how it could be used to draw water from deep wells.

The people were overjoyed and grateful to Anansi. They could now fetch water for their fields and overcome the sorrow of hunger. They named the rope "Anansi's Thread" and always remembered the wisdom and help of the spider goddess.

The news of Anansi's success spread throughout the land. Other people who suffered from hunger and misery came to Anansi seeking her wisdom. She found solutions for them, providing advice and helping them overcome their difficulties.

Tamen, la famo de Anansi atingis ankaŭ la diojn en la ĉielo. Ili ne estis kontentaj pri ŝia scipovo kaj povo. Ili envie rigardis, kiel Anansi helpis la homojn kaj ricevis laŭdon kaj admirojn. Ili decidis testi ŝian scipovon kaj saĝon.

Unu el la dioj, Olorun, venis al Anansi kun propono. Li diris, "Anansi, mi dubas pri via kapablo. Montru al mi, ke vi estas tiel saĝa, kiel oni diras, kaj mi donos al vi potencajn sciojn kaj privilegiojn."

Anansi prenis la provon. Ŝi sciis, ke ŝia scipovo estis donaco de la dioj kaj ŝi estis preta pruvi sian kapablon. Ŝi sukcesis en la provo, solvante la problemon, kiun Olorun starigis antaŭ ŝi.

Post la provo, Anansi estis glorita kaj honorita eĉ pli. Homoj adoris kaj respektis ŝin, kaj ŝi estis nomita la Dio de Scipovo kaj Intelekto. Ŝi daŭre helpis homojn, donante saĝajn kaj spritajn konsilojn, kaj ŝia famo etendiĝis tra la landoj kaj la generacioj.

Anansi, la aranea diino, restas vivanta en la koroj de homoj kaj la rememoroj de la saĝeco, kiu venas de ŝia helaj okuloj. Ŝia historio estas rakontita de generacio al generacio, rememorigante nin pri la valoro de saĝeco, helpo, kaj la kapablo krei solvojn eĉ en la plej malfacilaj cirkonstancoj.

However, Anansi's fame also reached the gods in the sky. They were not content with her wisdom and power. They enviously watched as Anansi assisted the people and received praise and admiration. They decided to test her wit and wisdom.

One of the gods, Olorun, came to Anansi with a proposition. He said, "Anansi, I doubt your ability. Show me that you are as wise as they say, and I will grant you powerful knowledge and privileges."

Anansi took the challenge. She knew her intellect was a gift from the gods, and she was ready to prove her capability. She succeeded in the trial, solving the problem that Olorun presented before her.

After the test, Anansi was even more glorified and honored. People worshipped and respected her, and she was named the Goddess of Intellect and Wisdom. She continued to help people, providing wise and spiritual advice, and her fame extended across lands and generations.

Anansi, the spider goddess, remains alive in the hearts of people and in the memories of the wisdom that comes from her bright eyes. Her story is told from generation to generation, reminding us of the value of wisdom, help, and the ability to create solutions even in the most difficult circumstances.

KONDUKU MIN AL VIA ESTRO

Alieno: Saluton! Mi estas fremda estaĵo de alia planedo. Mi parolas Esperanton. Kiel vi nomiĝas?

Homo: Saluton! Mi estas Robert. Ne povas esti vere, ke vi parolas Esperanton! Kiel vi lernis ĝin?

Alieno: Interesa, ĉu ne? Sur nia planedo, ni havas avancon lerni multajn lingvojn facile. Mi venas el planedo Esperanto, kie ĉiuj parolas Esperanton kiel internacian lingvon.

Homo: Mirinde! Ĉu vi vere estas el alia planedo? Kion vi serĉas sur nia planedo?

Alieno: Jes, estas vere. Mi estas parto de scienca esploradgrupo, kiu studas malsamajn kulturojn en la universo. Nia celo estas interkomunikiĝi kun aliaj estaĵoj kaj disvastigi harmonion kaj pacemon.

Homo: Tio estas tre interesa. Kiel vi estas kapabla vojaĝi tra la kosmo?

Alieno: Ni havas avancon en teknologio, kiu permesas al ni espeleri aliajn planedojn kaj atingi vastajn distancojn. Ni estas scivolemaj kaj deziras kompreni pli pri la diversaj kulturoj kaj vidoj de la vivo.

Homo: Kiel vi vidis nian planedon? Kaj kio impresis vin plej?

Alieno: Ni uzis potencan observilon, kiu permesas al ni vidi kaj studi aliajn planedojn. Sur via planedo, mi rimarkis vian multkulturan komunumon kaj kiel homoj kunigas sin kun respekto kaj harmonio. Tio estas inspira.

Homo: Dankon! Tamen, ĉu vi havas iajn koncernojn aŭ timojn pri nia interago?

TAKE ME TO YOUR LEADER

Alien: Hello! I am an alien being from another planet. I speak Esperanto. What is your name?

Man: Hello! I'm Robert It can't be true that you speak Esperanto! How did you learn it?

Alien: Interesting, isn't it? On our planet, we have the advantage of learning many languages easily. I come from planet Esperanto, where everyone speaks Esperanto as an international language.

Man: Amazing! Are you really from another planet? What are you looking for on our planet?

Alien: Yes, it's true. I am part of a scientific research group that studies different cultures in the universe. Our goal is to communicate with other beings and spread harmony and peace.

Man: That's very interesting. How are you able to travel through space?

Alien: We have an advance in technology that allows us to explore other planets and reach vast distances. We are curious and want to understand more about the different cultures and views of life.

Man: How did you see our planet? And what impressed you the most?

Alien: We used a powerful observatory that allows us to see and study other planets. On your planet, I noticed your multicultural community and how people come together with respect and harmony. That is inspiring.

Man: Thank you! However, do you have any concerns or fears about our interaction?

Alieno: Ni komprenas, ke unuavide la renkontiĝo kun fremda estaĵo povas kaŭzi malcertecon kaj timon. Sed nia celo estas kompreni, interkomunikiĝi kaj konstrui pacon. Ni estas pacemaj kaj malfermitaj al novaĵoj.

Homo: Mi aprezas vian malfermon kaj pacemon. Mi estas scivola pri via planedo kaj via vivo. Ĉu vi povas priparoli pli pri via kulturo kaj valoroj?

Alieno: Kompreneble! Sur nia planedo, ni kultivas harmonion, egalrajtecon, kaj respekton al ĉiuj estaĵoj. Ni valoras kreadon, scivolemon, kaj la disvastigon de pacema kunvivo. Ni vivas en interrilato kun la naturo kaj celas konservi nian planedon.

Homo: Tio estas kaptiva. Mi scias, ke nia mondo havas multajn problemojn, kaj ni bezonas pli da harmonio kaj zorgo pri la medio. Ĉu vi havas konsilojn por ni?

Alieno: Certa. Ni rekomendas pli da interkompreno kaj kunlaboro inter homoj. Ĉiuj povas kontribui al solvo de problemoj, kaj scio kaj respekto estas ŝlosiloj. Ankaŭ zorgo pri la medio estas grava. Nia planedo suferis pro necesa ekspluatado, kaj ni lernis la valoron de respekti kaj protekti nian hejmon.

Homo: Mi konsentas kun vi. Ni devas lerni de viaj spertoj kaj plibonigi nian socion. Estas vere mirinda renkontiĝi kun vi, fremda estaĵo. Mi esperas, ke nia interago estu fruktodona por ambaŭ flankoj.

Alieno: Mi samopinias. Ni estas dankemaj por ĉi tiu renkontiĝo kaj la ebleco disvastigi nian interkonektiĝon. Estas nova komenco por ambaŭ niaj kulturoj.

Alien: We understand that at first glance the meeting with an alien creature can cause uncertainty and fear. But our goal is to understand, communicate and build peace. We are peaceful and open to news.

Man: I appreciate your openness and peacefulness. I am curious about your planet and your life. Can you talk more about your culture and values?

Alien: Of course! On our planet, we cultivate harmony, equality, and respect for all beings. We value creation, curiosity, and the spread of peaceful coexistence. We live in relationship with nature and aim to preserve our planet.

Man: That's fascinating. I know that our world has many problems, and we need more harmony and care for the environment. Do you have any tips for us?

Alien: Sure. We recommend more mutual understanding and cooperation between people. Everyone can contribute to solving problems, and knowledge and respect are keys. Care for the environment is also important. Our planet has suffered from necessary exploitation, and we have learned the value of respecting and protecting our home.

Man: I agree with you. We must learn from your experiences and improve our society. It is really wonderful to meet you, a foreign being. I hope that our interaction will be fruitful for both sides.

Alieno: I agree. We are grateful for this meeting and the opportunity to spread our networking. It is a new beginning for both our cultures.

POSTEBRIO

Persono A: Saluton! Kiel vi fartas hodiaŭ?

Persono B: Saluton! Ho, mia kapo doloras. Mi havas vere teruran postebrikon hodiaŭ.

Persono A: Mi sentas sammaniere. Kio okazis hieraŭ nokte? Mi malfacile memorigas ion ajn.

Persono B: Mi same! Estas kvazaŭ parto de la nokto simple malaperis. Mi vidas bildojn, sed ili estas malfokaj.

Persono A: Ĉu vi memoras, ke ni iris al la nova diskoteko en la centro de la urbo?

Persono B: Jes, tio sonas konata. Sed poste, kio okazis? Kaj kial ni ĉiuj havas ĉi tielajn malbontrovaĵojn?

Persono A: Eble ni trinkis iom tro multe. Mi rememoras, ke ni dansis kaj kantis kun aliaj homoj.

Persono B: Ho, jes! Nun mi rememoras. Mi pensas, ke mi eĉ malsukcesis en karaoka kanto. Kio amuzega nokto estis.

Persono A: Sed tio ne estas la tuta rakonto. Mi havas ian memoron pri iri al piza restoracio post la diskoteko.

Persono B: Vere? Kio okazis tie? Ĉu ni manĝis pizon?

Persono A: Jes, ni certe faris tion. Mi rememoras, ke ni havis multajn manĝaĵojn sur la tablo kaj ni ridis kaj parolis dum la manĝado.

Persono B: Kion ni faris, kiam ni revenis hejmen? Mi havas senton, ke io ajn neebla okazis.

HANGOVER

Person A: Hello! How are you doing today?

Person B: Hi! Oh, my head hurts. I have a really bad hangover today.

Person A: I feel the same way. What happened last night? I can hardly remember anything.

Person B: Same here! It's like a part of the night just disappeared. I see images, but they're blurry.

Person A: Do you remember that we went to the new nightclub in the city center?

Person B: Yes, that sounds familiar. But then, what happened? And why do we all have such hazy memories?

Person A: Maybe we drank a little too much. I remember that we were dancing and singing with other people.

Person B: Oh, yes! Now I remember. I think I even failed at karaoke singing. What a fun night it was.

Person A: But that's not the whole story. I have some memory of going to a pizza restaurant after the nightclub.

Person B: Really? What happened there? Did we eat pizza?

Person A: Yes, we definitely did that. I remember that we had lots of food on the table, and we laughed and talked while eating.

Person B: What did we do when we got back home? I have a feeling that something impossible happened.

Persono A: Ni eble fariis kun ajna belaĵo en la fridujo. Mi vidis fotojn, kiuj montris, ke ni kuiris ion strangan.

Persono B: Tio ne estas bona novaĵo. Sed mi supozas, ke ni havis tre amuzan nokton, se ni estas tiel elĉerpitaj hodiaŭ.

Persono A: Tute konsente. Eĉ se ni ne memoras ĉiujn detalojn, mi havas senton, ke ni havis amuzan kaj memorindan sperton.

Persono B: Mi same pensas. Kaj krome, ni havas fotojn, kiujn ni povas rigardi poste. Tio helpos ni rememori la bonajn momentojn de la nokto.

Persono A: Ĝuste. Ni devas unue prizorgi pri niaj kapoj, trinki multe da akvo, kaj serĉi nian telefonsignon. Eble ni havas pli da indicoj en niaj mesaĝoj.

Persono B: Bonega ideo! Mi atentos pri mia telefonsigno kaj serĉos ajna spurojn de la hieraŭa aventuro.

Persono A: Mi ankaŭ faros tion. Sed ĝis tiam, ni devus preni trankvilan tagon kaj restarigi nian korpon.

Persono B: Ĉu ni kunvenu post kelkaj horoj por diskuti niajn malkovrojn kaj havi rideton pri nia malplena memoro?

Persono A: Tio sonas kiel bona ideo. Ni povas kunporti la fotojn kaj provi meti la puzlon kune. Estas la bona maniero por malkovri la veron.

Persono B: Perfekte. Ni havu pacan matenmanĝon, trankvilu, kaj poste kunvenu por malkovri, kion ni faris. Ĝi estos kiel detektiva aventuro!

Person A: We might have made something with any random stuff in the fridge. I saw photos that showed us cooking something strange.

Person B: That's not good news. But I suppose we had a very amusing night if we're all so exhausted today.

Person A: Absolutely. Even if we don't remember all the details, I have a feeling that we had a fun and memorable experience.

Person B: I think the same. And besides, we have photos that we can look at later. That will help us remember the good moments of the night.

Person A: Exactly. First, we should take care of our heads, drink lots of water, and search for our phone signal. Maybe we have more clues in our messages.

Person B: Great idea! I'll pay attention to my phone signal and search for any traces of yesterday's adventure.

Person A: I'll do the same. But until then, we should take a calm day and reset our bodies.

Person B: Shall we meet in a few hours to discuss our findings and have a laugh about our blank memory?

Person A: That sounds like a good idea. We can bring the photos and try to put the puzzle together. It's the best way to uncover the truth.

Person B: Perfect. Let's have a peaceful breakfast, relax, and then meet to uncover what we did. It will be like a detective adventure!

Persono A: Mi antaŭvidas tion. Estas agrable havi amikon kun kiu ni povas ridaĉi pri niaj amuzaj noktoj, eĉ se ni forgesas detalojn.

Persono B: Same ĉi tie. Ni certe havas multajn historiojn por rakonti. Estas la vivo, ne vere? La malplena memoro estas parto de la ĉarmo.

Persono A: Precize. La vivo estas pri amuziĝo, malkovro, kaj kreado de bonajn amikecojn. Kaj eĉ se ni forgesas iom ajn, ni scias, ke ni havas gajajn spertojn kaj interrilatojn, kiuj valoras multe.

Persono B: Mi ne povas diri pli bone. Nun ni prenu nian vojon al pacado kaj memorado. Estis bona paroli kun vi, eĉ se ni provas rememori nian amuzan nokton.

Persono A: Tiel same. Estis plaĉo babili kun vi, kaj mi certas, ke ni baldaŭ havos multajn ridetojn pri nia malplena memoro. Ni renkontiĝu post kelkaj horoj!

Persono B: Ĝis baldaŭ! Atentu pri via kapo kaj serĉu tiujn indicojn. Ni malkovru la veron kune!

Person A: I'm looking forward to it. It's nice to have a friend to laugh about our funny nights, even if we forget some details.

Person B: Same here. We certainly have many stories to tell. It's life, isn't it? Blank memory is part of the charm.

Person A: Exactly. Life is about having fun, discovering, and creating good friendships. And even if we forget a bit, we know that we have joyful experiences and relationships that are worth a lot.

Person B: I couldn't say it better. Now, let's take our path to peace and remembering. It was nice talking to you, even as we try to remember our fun night.

Person A: Likewise. It was a pleasure chatting with you, and I'm sure we'll soon have many laughs about our blank memory. Let's meet in a few hours!

Person B: See you soon! Take care of your head and search for those clues. Let's uncover the truth together!

MATEMATIKA HEJMTASKO

Instruisto: Saluton, Karlo! Kiel vi fartas hodiaŭ?

Karlo: Saluton, sinjoro instruisto. Mi fartas bone, dankon.

Instruisto: Mi rimarkis, ke vi ne liveris vian matematikan hejmtaskon hieraŭ. Ĉu estas io ajn, kio malhelpis vin pri tio?

Karlo: Ho, jes, sinjoro instruisto, mi havas tre strangan priskribon. Vidu, hieraŭ kiam mi volis komenci mian hejmtaskon, meteoro falis en nian ĝardenon. Mi devis helpi miajn gepatrojn forigi la meteoraĵon.

Instruisto: Vere? Tio sonas kiel nekredebla okazo. Ĉu vi havas iajn pruvojn?

Karlo: Bedaŭrinde, sinjoro instruisto, mi ne pripensis pri preni fotografaĵon. La meteoro disfalis en kelkaj sekundoj, antaŭ ol mi prenis mian fotokameran.

Instruisto: Kompreneble, Karlo. Tamen, tiu estas tre stranga kialo. Estas grave, ke vi estu responda kaj liveru vian hejmtaskon laŭ la demandoj en la instrukcioj.

Karlo: Mi hezitas diri tion, sed mi ankaŭ havis alian problemo. Mia kato manĝis la hejmtaskon! Ĝi devis esti tre malsata.

Instruisto: Ho, vere? Kato, kiu manĝas matematikan hejmtaskon! Tio estas vere ridinda klarigo, Karlo. Sed, bonvolu memori, ke la hejmtasko estas por via lernado kaj progreso.

MATH HOMEWORK

Teacher: Hello, Karlo! How are you today?

Karlo: Hello, Mr. Teacher. I'm doing well, thank you.

Teacher: I noticed that you didn't turn in your math homework yesterday. Is there anything that prevented you from doing it?

Karlo: Oh, yes, Mr. Teacher, I had a very strange situation. You see, yesterday when I wanted to start my homework, a meteor fell into our garden. I had to help my parents remove the debris.

Teacher: Really? That sounds like an unbelievable occurrence. Do you have any evidence?

Karlo: Unfortunately, Mr. Teacher, I didn't think of taking a photograph. The meteor disintegrated in a few seconds before I could take out my camera.

Teacher: Understandable, Karlo. Nevertheless, that's a very unusual excuse. It's important that you are responsible and submit your homework according to the instructions.

Karlo: I hesitate to say this, but I also had another problem. My cat ate the homework! It must have been very hungry.

Teacher: Oh, really? A cat eating math homework! That's truly a funny explanation, Karlo. But please remember, the homework is for your learning and progress.

Karlo: Mi scias, sinjoro instruisto. Mi vere volis fari la hejmtaskon, sed poste mi malkovris, ke la libro, kiu enhavis la taskon, konfuziĝis kun mia spageto-recipebook! Mi ne povis trovi ĝin!

Instruisto: Spageto-recipebook? Ĉu vi serioze kredas, ke mi kredos tion, Karlo? Estas tre grava lerni kaj praktiki matematikon. Prokrastado kaj neaĉeto estas baroj al via progreso.

Karlo: Mi rekomencos labori pli diligente, sinjoro instruisto. Pardonu la strangajn priskribojn. Mi promesas plenumi la hejmtaskon en estonta tempo.

Instruisto: Estas bone, Karlo. Mi esperas, ke vi plenumos viajn promesojn. Konsentu esti responda kaj diligenta. La matematiko estas tre grava por via edukiĝo.

Karlo: Mi komprenas, sinjoro instruisto. Mi dankas vin por via pacienco kaj kompreno.

Instruisto: Estas mia devo helpi vin pliboniĝi. Nun, bonvolu dediĉi vian tempon al via lernado. Se vi havas demandojn, ne hezitu demandi min.

Karlo: Dankon, sinjoro instruisto. Mi iros nun kaj laboros diligente. Mi valoras vian subtenon.

Instruisto: Estas ĝojo aŭskulti tion, Karlo. Bonŝancon kun via hejmtasko kaj estu diligenta. Mi kredas je via kapablo sukcesi en matematiko.

Karlo: I know, Mr. Teacher. I really wanted to do the homework, but then I realized that the book containing the assignment got mixed up with my spaghetti recipe book! I couldn't find it!

Teacher: Spaghetti recipe book? Do you seriously expect me to believe that, Karlo? Learning and practicing mathematics is very important. Procrastination and excuses are barriers to your progress.

Karlo: I will start working more diligently, Mr. Teacher. I apologize for the strange explanations. I promise to complete the homework in the future.

Teacher: That's good, Karlo. I hope you will keep your promises. Agree to be responsible and diligent. Mathematics is very important for your education.

Karlo: I understand, Mr. Teacher. Thank you for your patience and understanding.

Teacher: It's my duty to help you improve. Now, please dedicate your time to your studies. If you have any questions, don't hesitate to ask me.

Karlo: Thank you, Mr. Teacher. I will now go and work diligently. I value your support.

Teacher: It's a pleasure to hear that, Karlo. Good luck with your homework and be diligent. I believe in your ability to succeed in mathematics.

OMBROJ

Luka: Saluton, Mia! Rigardu, mia ombro sekvas min dum la tuta tempo. Mi volas savi min de ĝi!

Mia: Saluton, Luka! Ho jes, same okazas al mi. Kion ni povas fari pri niaj ombroj? Ili ĉiam estas ĉi tie!

Luka: Mi pensas, ke se ni kuras sufiĉe rapide, ili povus ne kapabli nin atingi! Ni provu!

Mia: Bone! Ni prenu startpozon ĉi tie kaj kuru tiel rapide, kiel ni povas! Kuru, Luka, kuru!

Luka: Jen ni iros! Kuru, Mia, kuru! Mi sentas, ke mia ombro estas malrapida. Ĉu vi vidas tion?

Mia: Jes, mi vidas! Sed mia ombro ankaŭ estas tie. Ĝi sekvas min kvankam mi kuras rapide!

Luka: Eble ni devus provi ion alian. Kio se ni saltos ĉe loko, kie estas ombro malproksime? Ĉu la ombro sekvos nin tiam?

Mia: Bonega ideo, Luka! Ni provu tion. Saltu kun mi kaj rigardu ĉu via ombro sekvas vin. Unu, du, tri...saltu!

Luka: Jen mi saltas! Mia ombro estas ankoraŭ tie. Ĝi ne foriras. Kial ĝi estas tiel obstina?

Mia: Mi ne scias, Luka. Ŝajnas, ke niaj ombroj estas parto de ni, ili ĉiam estos ĉi tie, ĉu ni volas aŭ ne.

Luka: Do, kion ni faru nun? Mi ne volas timi mian ombro ĉiutage.

SHADOWS

Luka: Hello, Mia! Look, my shadow is following me all the time. I want to escape from it!

Mia: Hello, Luka! Oh yes, the same happens to me. What can we do about our shadows? They are always here!

Luka: I think if we run fast enough, they might not be able to catch us! Let's try!

Mia: Great! Let's take a starting position here and run as fast as we can! Run, Luka, run!

Luka: Here we go! Run, Mia, run! I feel like my shadow is slow. Do you see that?

Mia: Yes, I see! But my shadow is here too. It follows me even when I run fast!

Luka: Maybe we should try something else. What if we jump where there is no shadow nearby? Will the shadow follow us then?

Mia: Great idea, Luka! Let's try that. Jump with me and see if your shadow follows you. One, two, three... jump!

Luka: Here I jump! My shadow is still there. It doesn't go away. Why is it so stubborn?

Mia: I don't know, Luka. It seems like our shadows are part of us, they will always be here, whether we want it or not.

Luka: So, what do we do now? I don't want to be afraid of my shadow every day.

Mia: Mi pensas, ke ni devas akcepti nian ombron kiel parton de ni mem. Ili estas nur reflekto de la sunlumo. Ili ne estas danĝeraj.

Luka: Sed ili aspektas tiel misteraj! Kiel mi povas ne timi ilin?

Mia: Ni povas ludi kun ili anstataŭe. Ni povas moviĝi, fari ombraĵojn, kaj amuziĝi. Ili povas esti niaj amikoj!

Luka: Ho, vere? Mi ne pensis pri tio. Do, ni povus esti amikoj kun niaj ombroj?

Mia: Kompreneble! Ni povas krei amuzajn ombraĵojn kaj rakonti histojn. Ili povas esti parto de niaj ludadoj kaj aventuroj!

Luka: Tio sonas amuze! Mi ŝatas tiun ideon, Mia. Ni povas esti amikoj kun niaj ombroj kaj sperti ĝojon kune.

Mia: Tute! Ni ne bezonas timi ilin, ni povas ami ilin kaj akcepti ilin kiel parto de ni mem. Kaj kiam ni estas feliĉaj, ili ankaŭ estas feliĉaj.

Luka: Mi ĝojas, ke mi havas vin, Mia. Ni povas esplori la mondon kune, eĉ kun niaj ombroj.

Mia: Jes, ni estas amikoj por ĉiam, eĉ kun niaj ombroj. Lasu nin amuziĝi kaj esplori sen timo!

Luka: Mi tute konsentas, Mia! Ni estu kuraĝaj kaj ludi kun niaj ombroj, kaj neniam timu ilin denove!

Mia: I think we need to accept our shadow as part of ourselves. They are just a reflection of sunlight. They are not dangerous.

Luka: But they look so mysterious! How can I not be afraid of them?

Mia: We can play with them instead. We can move, make shadow shapes, and have fun. They can be our friends!

Luka: Oh, really? I didn't think of that. So, we could be friends with our shadows?

Mia: Of course! We can create funny shadow shapes and tell stories. They can be part of our games and adventures!

Luka: That sounds fun! I like that idea, Mia. We can be friends with our shadows and experience joy together.

Mia: Exactly! We don't need to fear them, we can love them and accept them as part of ourselves. And when we are happy, they are happy too.

Luka: I'm glad I have you, Mia. We can explore the world together, even with our shadows.

Mia: Yes, we are friends forever, even with our shadows. Let's have fun and explore without fear!

Luka: I totally agree, Mia! Let's be brave and play with our shadows, and never fear them again!

Other languages in the Rosetta Series:

Afrikaans
Albanian
Amharic
Arabic
Armenian (East, West)
Bengali
Bulgarian
Cantonese
Catalan (ENG, ESP)
Croatian
Czech
Danish
Dutch
Estonian
Esperanto (ENG, FRE, GER)
Farsi
Finnish
Frisian
Galician (ENG, ESP)
Gujarati
Hawaiian
Hebrew
Hindi
Hungarian
Icelandic
Indonesian
Irish
Italian
Japanese
Kazakh
Khmer
Korean
Lao

Latvian
Lithuanian
Maori
Malay
Mandarin (Banned on Weibo)
Neapolitan (ENG, ITA)
Nepali
Norwegian
Polish
Portuguese
Punjabi
Romanian
Romansh
Russian (And then it got worse)
Sami
Serbian
Sicilian (ENG, ITA)
Slovak
Slovene
Somali
Swahili
Swedish
Tagalog
Tamil
Thai
Turkish
Ukrainian
Urdu
Vietnamese
Welsh
Zulu

www.ingramcontent.com/pod-product-compliance
Lightning Source LLC
Chambersburg PA
CBHW051450050726
47593CB00005B/2003